U0454811

油气田企业管理
研究与探讨

贺广庆 ◎ 著

四川科学技术出版社

图书在版编目（CIP）数据

油气田企业管理研究与探讨 / 贺广庆著 . -- 成都：
四川科学技术出版社 , 2023.7（2024.7 重印）
ISBN 978-7-5727-1036-0

Ⅰ . ①油… Ⅱ . ①贺… Ⅲ . ①石油企业—工业企业管
理—中国 Ⅳ . ① F426.22

中国国家版本馆 CIP 数据核字（2023）第 124082 号

油气田企业管理研究与探讨
YOUQITIAN QIYE GUANLI YANJIU YU TANTAO

著　　者　贺广庆

出 品 人　程佳月
责任编辑　王　勤
助理编辑　魏晓涵　魏语嫣
封面设计　星辰创意
责任出版　欧晓春
出版发行　四川科学技术出版社
　　　　　地址：成都市锦江区三色路 238 号
　　　　　邮政编码：610023
　　　　　官方微博：http://weibo.com/sckjcbs
　　　　　官方微信公众号：sckjcbs
　　　　　传真：028-86361756
成品尺寸　170 mm × 240 mm
印　　张　7.5
字　　数　150 千
印　　刷　三河市嵩川印刷有限公司
版　　次　2023 年 7 月第 1 版
印　　次　2024 年 7 月第 2 次印刷
定　　价　60.00 元

ISBN 978-7-5727-1036-0
邮　　购：成都市锦江区三色路 238 号新华之星 A 座 25 层
邮政编码：610023
电　　话：028-86361770

前言
PREFACE

　　目前,油气田企业正处于重要的转变阶段,即从国有经济体制逐渐转变为市场经济体制。企业在日常经营管理过程中有必要对时代发展趋势进行深刻的分析,及时变革现有的管理模式,从而为自身发展提供源源不断的动力。油气田企业是我国国民经济的重要支柱,油气田企业的管理和发展与我国综合实力的提升有密切关系,因此必须对其经营管理问题采取高度重视的态度。

　　本书力图把现代管理的基本理论与油气工业生产经营活动的特点紧密地结合起来,从我国油气田企业的生产实际出发,详细介绍了油气田企业管理的理论和方法,具体包含油气田企业的生产管理、经济效益分析与评价、管理创新能力影响因素。与此同时,探究分析了低碳经济视域下油气田企业管理创新的必要性和实施对策,希望对推进油气田企业的可持续发展有所帮助,使油气田企业能够适应当前快速发展的新形式,在竞争激烈的市场环境下生存和发展,从而促进油气田企业的稳步、长久发展。

　　本书总结了油气田企业的管理要素,展望了未来油气田企业管理的发展方向,可作为油气田企业管理建设的业务指导、管理体系培训手册、员工工作指南,也适合审核与认证机构了解油气田企业的工艺特点和管理要点。

目录
CONTENTS

第一章 绪论

第一节 管理行为及其评价

一、什么是管理

对于管理,管理学界已经给出了许多定义。根据概念的普适性和实践指导性的要求,笔者这样定义:管理是管理者通过计划、组织、激励、协调、控制、领导等手段,为集体活动配置资源、建立秩序、营造氛围,以达成预定目标的行为。也可以简单地认为,管理是组建和调适协作系统,以达成预定目标的行为。

(一)管理的目的

人类的需要有时通过自身努力就可以满足,自然经济中自给自足的农民、渔夫、牧民就处于类似状态。但大多数情况下,人类的需要通过自身努力是无法满足的。从原始社会氏族部落抵御洪水猛兽求生存,到工业社会修建高楼大厦和高速公路,大规模生产啤酒、钢铁、汽车,再到信息社会通过网络交易来满足生活所需,人们都必须依赖集体协作才能满足自身需要。

虽然集体协作有助于人类满足需要,但是自由组合的集体协作通常会发生资源不足或配置不当等合作危机。管理是集体努力产生协作效果的必要条件,且有助于达成分散个体无法达成的目标,满足通过个人努力无法满足的需要。集体协作产生良好效果取决于三个基本条件:①资源配置必须是合理的、优化的;②集体活动必须是有序的,做到分工合作、令行禁止;③集体协作的氛围应当是有利于促进合作和富有激励性的。这三个条件不可能自发形成,需要管理者带领大家去解决资源的筹集和优化配置问题,建立和维持必要的秩序,营造合作的良好氛围。配置资源、建立秩序、营造氛围是管理的主要作用,也是体现管理者价值和贡献的主要方面。

(二)管理的方法与手段

管理是通过计划、组织、激励、协调、控制、领导等职能和手段实施的。管理职能是管理主体对管理客体施加影响的主要方式和具体表现,是管理者的职责和功能,主要包括以下六项。

1. 计划

计划是指为集体活动确定目标、任务、策略及行动方案,并组织实施的管理行为。决策是计划中的核心环节。

2. 组织

组织是指把各种生产要素(特别是人员)组合成实现目标、完成任务的功能实体的行为,其结果是形成各种体制,如企业的经营体制、领导体制、生产体制等。组织的载体是人,因而用人是组织职能的重要内容。

3. 激励

激励是指运用各种手段调动组织内部人员的积极性,增强实现目标的动力。在现代管理中,激励并不限于组织内部,还包括对企业外相关部门和人员(如供应商)的激励。

4. 协调

协调是指理顺组织内外关系,消除不和谐、不平衡的关系,加强各方合作,以便为实现组织目标创造良好环境的行为。例如,理顺企业内党、政、工关系,干群关系,协调企业与客户的关系等,其关键是沟通协调。

5. 控制

控制是指按预定计划和标准对组织内各种活动进行监督、检查和调节,以纠正偏差,更好地达成目标的行为。

6. 领导

领导是指运用某种影响力,发动或引导其他人或群体为制定的目标而奋斗的行为。

在以上六类职能中,计划、组织、激励、协调、控制具有相对独立的功能,属于管理的基本职能;领导兼有计划中的重大决策、组织中的关键任免、激励中的群体发动、协调和控制中的危机处理等功能,属于管理的综合职能。

（三）管理的性质

1.管理是人类的特殊行为

在一切需要协作才能达成目标的场合,均存在两种类型的行为:一类是人们亲自动手,施加作用于客体,产生直接效果的行为,如耕作收获、驾驶汽车、教师授课、攻球入门等,通常被称为"作业";另一类是人们通过对作业者施加影响,对改造客观世界产生间接效果的行为,如制订班组作业计划、指导球队比赛、控制预算成本等,这类行为就是管理。管理是生物界中人类特有的行为。

管理面对的是由人、财、物、信息等要素构成的功能系统,管理最基本,却又最复杂的对象是人。纯粹以财、物、信息为对象的管理者,如纯粹运作资本市场的操盘手、纯粹完成会计业务的会计师、纯粹负责物资保管的库管员,严格来讲并不是真正的管理者,因为他们从事的是专业技术工作,而非管理工作。

2.管理是管理者与管理对象互动的过程

为达成目标,管理者会对组织内部人员、产品、设备、材料等施加影响,同时其管理活动还会对组织外部市场、顾客、合作伙伴、竞争对手等产生影响,这些相关社会主体不会完全被动地接受影响,甚至有可能反弹、修正乃至对抗,因而管理的结果不是由管理者主观意志单方面决定的,而是管理者与管理对象互动的结果。例如,球队的比赛,虽然教练事先有计划和组织安排,但要取得较好的结果,必须根据比赛过程中对方的战术及本队队员的表现随时进行调整,而比赛结果未必遂教练的心愿。

二、为什么要重视管理

（一）管理涉及人类生活的各个层面

管理是一种普遍的社会现象,渗透在社会生活的各个方面,每个人都处于被管理的状态中。

人类社会是由各种各样的组织、各种各样的集体活动组成和运转的。从游戏到战争,从生产到科学研究,从工作到家庭生活,一切集体活动要想达到较好的效果,都离不开组织和管理。社会越发展,人们越依赖组织的分工协作,也就越离不开管理。

凡是存在组织的地方,就存在管理。管理的分类方式很多,但通常按组织层次分为宏观管理和微观管理。

所谓宏观管理,是指规模较大、层次较高的组织的管理,如整个国家或地区的国民经济管理、整个军队建设的管理等；所谓微观管理，是指规模较小、层次咬低的组织的管理，如企业管理、学校管理、俱乐部管理、家庭管理等。宏观管理与微观管理的区分是相对的。对整个国民经济来说，企业管理属于微观范畴；对一个公司包含许多分厂或车间而言，公司的决策、组织等管理活动属于宏观范畴，而各分厂、车间、班组管理属于微观范畴。

（二）管理决定组织和个人的命运

无论是从历史层面，还是从现实层面，抑或是从宏观的国家层面、微观的企业等层面，人们都深深体会到，管理所发挥的作用决定着组织和个人的命运。

从微观的层面看，企业的发展体现了管理的决定性作用。20世纪80年代初期，在改革转型的洪流中，一批是名不见经传的小企业，一批是历史悠久且背景深厚的大企业，由于不同的管理思路，前者抓住了时代机遇，如今已经成为世界知名大公司，而后者已经消失不见。

（三）每个成年人都要懂得管理的基本知识

我们生活在各种各样的组织中，要和各种各样的组织打交道，每个人要么扮演管理者的角色，要么扮演被管理者的角色。在家庭里，你也许受父母管理，也可能管理弟弟、妹妹；在学校里，你接受校长、系主任、班主任的管理，也可能管理一个小组或活动组织；在企业中，你接受各级领导的管理，同时作为职工代表大会的代表，在讨论决定奖金分配方案或某个中层干部的处分时，又直接参与了管理活动。可见，每个成年人都要承担一定的管理责任。

三、管理状况的评价

社会要进步，企业要发展，就必须不断改进管理。要改进管理，首先要对管理状况作出科学的评价。一个组织的管理状况可以从目标实现程度、组织运行状态和管理运作状况三个层面予以评价。

（一）从目标实现程度评价管理

管理目标的实现是管理有效性的最终评价尺度。企业管理是否有效的直接表现就是企业市场目标、盈利目标、发展目标、社会责任目标的实现程度。

管理者通过财务报表、统计报表、社会评价获得达成指标的相关数据，与合理设置的预定目标比较，评判管理的有效性，为进一步分析提供基础，如表1-1所示。

表1-1 管理状况评价

指标	利润	销售收入/市场占有率	资产增长	客户满意度	环境保护
预定目标水平					
实际实现水平					
评价					

　　这里需要特别注意预定目标设置的合理性。企业在目标设置方面有三个常见问题。一是目标设置过于片面,有的企业只设定了销售收入和利润目标,没有设置发展目标和社会责任目标,这样的企业就缺乏可持续发展的前瞻性。二是目标过高,有些企业在缺乏调查市场的情况下,就提出要全球领先,进入中国500强、世界500强,或者要求每年递增一个固定的比率,殊不知市场是变化的,企业的进步也不一定是直线的。一旦目标达不到,员工就会产生挫折感,高层的威信也会受到影响。三是目标过低,中国企业的绩效与先进工业化国家企业相比,存在一定的差距和立体化的差异,有些企业仅与国内同行比,甚至只和本地区同行或者自身比,没有看到更大的进步空间和更多的发展可能,最后设定的目标缺乏激励性。

(二)从组织运行状态评价管理

　　组织能否实现预定目标,经常会受到环境的影响,但是事物发展的内因毕竟起主要作用。管理工作决定组织运行状况,资源配置是否合理、业务活动是否有序、组织氛围是否良好等,对组织目标能否实现起着决定性作用。因此,可以通过对资源配置、工作秩序、组织氛围的考察判断管理的有效性。

1.资源配置状况

　　考察组织资源是否得到有效、充分利用,配置是否合理,是否存在瓶颈或冗余。例如,企业管理的有效性可以通过以下指标比较判定,如表1-2所示。

表1-2 企业资源配置状况评价

资源类别	实现指标	行业平均水平	行业目前水平	存在问题分析
资金	资金周转 存货、应收款等 资产负债比			
物质、设备	设备利用率 材料利用率 能源利用率			

资源类别	实现指标	行业平均水平	行业目前水平	存在问题分析
人力资源	工时利用率 人才结构比例 人才使用			
无形资产	特许权的运用 品牌建设与维护			
信息资源	情报提供 知识共享			

2.工作秩序状况

考察组织活动能否正常运转,指挥是否灵便,各部门各岗位配合是否默契,业务是否经常有冲突;考察组织内各项制度、规则的执行情况,工作现场情况,出勤及劳动纪律,会议内容及其效率,信息报表的传送质量等。

3.组织氛围状况

考察组织氛围是否有利于组织内外合作,是否具有激励性。可以通过考察组织倡导的价值观,考察管理层及员工的工作态度和他们对待客户的态度等评判组织氛围。获取管理效果的信息来源不能仅局限于财务报表、统计报表、社会评价,还必须到现场观察,与管理人员和员工访谈。例如,通过他们崇尚的人物可以间接判断其价值观,通过参加调度会可以判断员工关系、组织秩序等。

(三)从管理运作状况评价管理

管理的任务是通过计划、组织等管理职能手段实现的。评价管理职能的履行状况可以为提高管理水平直接提供运作建议,评价指标如表1-3所示。

表1-3 管理职能履行状况评价

管理职能	评价指标	实际操作状况
计划	目的性、预见性、指导性、可行性、配套性	
组织	功能、效率、稳定性、适应性、激励性、协调性	
激励	方向性、全方位、长效性、激励成本	
协调	目标与底线、合力与活力、统一与制衡、收益与成本	
控制	全面性、及时性、适度性、层次性、全员性、综合性	

了解管理者职能的履行状况,还需要收集更多的信息,如需要查阅计划文档、组织图表、规章制度、统计报表、会议记录等,还需要通过访谈、问卷调查等加以核实。

第二节　管理学的内涵

一、管理学是一门应用学科

(一)管理学是应用学科

人类经过数千年的探索和总结提炼,已建成一个庞大的科学体系,它由成百上千门学科组成。按照各门学科的研究对象和作用,这些学科大致可以分为两个层次,即基础学科和应用学科。

基础学科是研究自然现象和物质运动基本规律的学科,包括数学、物理、化学、天文学、地理学、生物学等。

应用学科是指跟人类生产、生活直接联系的学科,包括医学、管理学、农学等。

管理学的知识来源极其广泛,其中发挥支撑作用的学科如下所示。

第一,哲学。作为人类最高层次的科学,哲学影响着人们对管理的目的、思维方式的认识。古代先哲,如中国的孔子、老子、庄子、韩非子,古希腊的苏格拉底等,提出过许多管理哲理。当代科学哲学,如系统论、信息论、控制论、耗散结构理论、协同论等,都对管理思维产生了重大影响。

第二,经济学。管理要讲求效率,要掌握投入产出的规律,就必须运用经济学的知识。从近代政治经济学,如亚当·斯密提出的劳动分工理论、市场经济理论,到20世纪中叶发展起来的宏观经济学、微观经济学,再到近些年提出的产业经济学、制度经济学、产权经济学等,都对管理有很大的影响。

第三,心理学、社会学与教育学。管理作为一种影响他人行为的活动,需要研究人的心理。心理学家雨果·芒斯特伯格首先将工业心理学引入管理,此后心理学在决策、领导和人员的选拔、培训方面得到越来越广泛的应用。管理是一种人际关系,因而有关社会学的理论与方法在管理学中也得到了应用,使得责任、义务、承诺、社会网络等构成了管理学的基本词汇。在知识经济时代,教育学中的学习理论将发挥越来越大的作用。

第四,政治学和军事学。政治学中有关法制的观念、权力、等级制度学说等也是管理学的重要内容。军事学中,如中国古代的《孙子兵法》和近代战略理论,为竞争取胜提供了许多法则。

第五,应用数学。如数理统计学、运筹学,对管理学有着重要的贡献。

第六，历史学。人类长达数千年的组织管理实践为管理学提供了十分丰富的经验，古今中外的国家治理、军事指挥、商业活动等历史为管理学提供了大量的经典案例。

另外，工程技术类、信息技术类学科对管理学的影响也不可忽视。

(二)管理学是非精确学科

应用性学科或多或少都具有科学和艺术的双重属性。科学强调事物的共性，艺术则突出事物的个性；科学要求精确、严谨、理性，艺术要求夸张、含蓄、感性。例如，建筑学既要遵循结构力学、地理学、地质学、经济学的规律，又要运用建筑美学、文化社会学等方面的知识。

管理的科学性表现在具有普遍适用的规律，如标准化、流程化、制度化可以提高组织运行效率。人们可以学习管理知识，在实践中反复应用并客观检验其效果，因此管理是一门科学。

管理的艺术性表现为其管理规律的表现并不那么精确。例如，一个主管能够有效领导的下属人数存在合理的区间，管理学称之为组织管理的合理跨度。这个跨度是多少人，并没有明确的标准，因为它不仅与工作任务有关，还与主管及下属的素质有关。

管理的艺术性还表现为管理不像一般科学那样存在确定的因果关系。例如，奖金对某些人激励效果显著，而对另外一些人效果有限。因此，管理需要针对具体对象和所处环境，特别是针对千差万别的人，灵活地、有选择性地运用各种策略和技巧，管理员工有时候还需要动之以情。

(三)管理学具有复杂性

管理学科的复杂性体现在以下五个方面。

第一，高度综合。涉及自然科学、社会科学与人文科学等各个学科知识。

第二，变量极多。组织通常是一个包括经济、社会、技术、生态以及管理变量的复杂系统。以企业为例，仅经济变量就数不胜数，企业运营管理要掌握、处理这些变量非常不易。

第三，大量未知、不确定。例如，关于个人潜力、行为规律还存在许多未知领域。

第四，主客体互动。管理既受管理对象性质和运行规律的制约，又受管理者自身动机、知识、能力和精力的制约。

第五，动态博弈。多数组织处于竞争环境，因而管理者面对的是一个多主体参与的动态博弈过程。

二、企业管理学科的知识体系

如今,管理学是一个庞大的知识体系。如果不考虑其基础知识及外围知识,企业管理学的知识体系可以用一个由管理理论维、管理职能维及业务管理维组成的知识空间模型来描述。

(一)管理理论维

管理理论维是管理学里高度概括、综合及抽象的知识维,是管理哲学、管理经济学、管理伦理学、管理诊断学、管理学发展史、管理比较研究等知识的集合。

管理哲学包括管理的基本范畴和管理思想,如管理要素、管理职能、企业文化等概念,是建立企业管理学的基本单元;管理思想是指导企业管理的基本思想,包括管理的使命、价值观、人与组织的关系、组织与环境的关系、如何应对变化等。管理经济学是从经济学角度来研究企业的性质、效率及经营决策的问题。管理伦理学研究企业相关利益者的道德及其处理原则。管理诊断学研究分析评价企业管理状况、提高其绩效的策略方法。管理学发展史、管理比较研究是通过对企业管理及管理纵向和横向的考察对比,研究企业管理的发展规律和趋势,研究各国不同类型企业管理的共性与个性。

(二)管理职能维

管理职能维是企业管理学中经过适度抽象的知识维,是企业管理各项业务中共有的职能,即计划、组织、激励、协调、控制、领导等知识的集合。

关于计划职能的知识,包括预测学、决策学、战略管理、目标管理等知识。关于组织职能的知识,包括公司管理学、组织设计、流程再造等知识。关于激励职能的知识,包括组织行为学(管理心理学)等知识。关于协调职能的知识,包括组织冲突、沟通、公共关系学等知识。关于控制职能的知识,包括管理控制学、风险控制等知识。关于领导职能的知识,包括领导力、领导艺术、企业家及创新理论等知识。

(三)业务管理维

业务管理维是企业管理学中最具体、最落地的知识维,是企业经营中各业务领域管理知识的集合。

以大中型工业企业为例,业务管理维涉及以下八个方面的知识。①关于科技管理的知识,如科学研究与产品开发、工艺技术管理、设备管理、标准化管理等方面的知识;②关于建设与运营管理的知识,如企业设施规划与建设、生产计划与组织、质量管理、安全生产、环境保护等方面的知识;③关于营销管理的知识,如市场研究、营销管理、服务管理、广告学等方面的知识;④关于资金管理的知识,如财务管理、投资学、会计学、审计学、税务管理等知识;⑤关于人力资源管理的知识,如人力资源规划、职务分析和评价、绩效考核、薪酬管理、劳动关系等方面的管理知识;⑥关于信息管理的知识,如计量学、情报学、信息管理系统等知识;⑦关于物资管理的知识,如商品学、物流学、供应链管理、仓储管理等知识;⑧关于行政事务后勤保障管理的知识,如文秘、安全保卫、物业管理、职工生活服务等方面的管理知识。

管理的理论、职能和业务是互相渗透、交织在一起的。每一种管理业务都有相应的管理理论及职能。例如,运营管理领域就有经济批量理论、全面质量管理理论、全员设备管理理论及生产计划、生产组织及生产控制;销售管理领域有产品生命周期理论、价格理论及销售计划、销售组织、销售人员的激励及销售控制等。每一种管理职能也有相应的理论和方法。例如,计划职能包括决策理论、预测和决策方法;组织职能包括组织理论及组织设计、组织变革方法等。当然,管理理论也不能完全脱离管理职能和具体的管理业务背景。

第三节　管理学原理

一、什么是管理原理

(一)管理原理是管理的基本规律

管理学有时泛指一个学科门类、一个学科群;有时专指一门独立学科,即以管理原理为对象的学科。美国学者哈罗德·孔茨曾经非常明确地将管理学定位在"管理原理"的层次。他在自己著作《管理学——管理职能的系统分析方法和随机制宜的分析方法》的前言中指出,"管理工作的各项基本原理适用于各种文化地域的各类企业。"从科学的角度解释,所谓原理就是指某种运动的基本规律、某类实践的根本依据及准则、某门科学的基本理论,如自动控制原理、机械设计原理、会计学原理等。管理原理是指管理的基本规律、管理工作的根本依据和准则,这是管理学的基本理论。典型的应用学科的知识体系基本上都是围绕三个问题展开的,即做什么、如何做以及为什么这样做。企业管理原理的基本命题就是要从总体上研究企业管理是什么,即管什么、怎样管理好、为什么要这样管理。具体讲,企业管理原理必须阐明企业管理的实质及基本任务、基本理念、关键和重点、基本方法和手段。

(二)管理原理是必须掌握的公共知识

管理人员是一个庞大的社会阶层,他们需要的管理知识会有较大的差异。例如,政府官员需要国家治理的知识和技能,但不一定要掌握质量控制的知识和技能;总经理需要公司战略管理知识,但不一定要掌握地方财政预算或城市管理的知识。即使在企业内部,不同部门的主管所需要的知识和技能也有差异。例如,销售部门和生产部门的主管所需要的管理知识与技能有一定差异。但不论是政府领导、企业经理,还是董事长、班组长,有些管理知识和技能是他们都必须掌握的。例如,他们都希望管理有效,几乎都会遇到资源不足或组织低效的危机,需要解决计划问题、管理体制和流程问题、预算控制问题,他们都要掌握人际沟通和激励、领导的技能,等等。这些都是管理原理包含的内容。

人的一生可能从事不同的管理工作,管理人员在部门之间、层次之间的流动十分正常。例如,一个人先后负责项目管理、筹建工厂、管理工厂生产、组织营销、管理事业部和领导整个集团等不同的管理工作。工商企业、大学与政府部门之间互相交流、管理人才是常有的事情。掌握管理原理,在理论上可以触类旁通,在实践工作中可以举一反三,较快适应新的管理要求。

(三)管理原理是超越时代局限的通用性知识

大部分有关管理的经验和知识是工业化时代的产物。目前已经迈入信息化时代,管理实务正在发生急剧变化,有些学者指出,互联网时代思维将取代工业化时代思维,互联网将重新定义管理。面对如此情况,不少管理工作者有些沉不住气,甚至手足无措。实际上这正是管理原理学习不足的表现。虽然管理的基本规律在其表现形式上会随着管理情境的变化而变化,但是它的客观决定作用、它对管理实践的指导作用、它左右管理的力量是不会改变的。例如,创造价值的使命、科学管理的精神、以人为本的宗旨、权变创新的意识、系统运筹的法则等,不仅适用于工业化时代,同样适用于信息化时代。

二、管理原理的特征

(一)客观性

管理原理是以管理实践为基础,并为实践所检验的正确的管理道理,是对管理工作的科学总结和高度概括,是对管理的实质和客观规律的总结表述,反映的是不以人的意志为转移的管理运动的客观规律。

(二)概括性

管理原理反映的是对事物内在联系和事物发展必然趋势的科学认识,以及人们对管理活动客观规律的基本把握。同时,管理原理中的系统原理、人本原理、目标原理等基本原理组成了一个有机体系,这一有机体系正是对管理工作的实质内容及其基本规律的完整的科学分析和系统概括。

(三)稳定性

管理原理不是一成不变的僵硬教条,它随着社会经济和科学技术的发展而不断发展。它也不是变化多端的,而是具有相对稳定性。管理原理和其他科学原理一样,都是确定的、普遍的,具有"公理的性质"。不管事物运动、变化和发展的速度怎样,这个确定性是相对稳定的。由此,管理原理才能被人们正确认识和利用,并指导管理实践活动取得成效。

(四)指导性

管理原理是管理活动的准则,也是管理行为的依据,因而对管理工作具有指导作用。管理原理不同于具体的管理方法或管理模式,它抽象于实践,又独立于实践,所以只能运用其精髓指导具体管理活动,而绝不能机械照搬。

三、研究管理原理的意义

管理原理是对管理工作在科学分析和总结基础上的高度概括,是对管理思想及其理论发展的基本内容的总结,它指导一切管理行为,对于做好管理工作有着普遍的指导意义。

(一)研究管理原理有助于掌握管理的基本规律

管理工作虽然错综复杂、千变万化,但是万变不离其宗,各类管理工作都具有共同的基本规律,管理者只要掌握了这些基本规律,面对任何纷繁复杂的局面都可以应对自如。现实生活中很多管理者是通过自己的管理实践,经历漫长的积累过程,才一点一滴地逐渐领悟到管理的基本规律。学习管理原理能够加速人们掌握基本规律的过程,使人们更快地形成自己的管理方法,更好地从事管理工作。

（二）掌握管理原理有助于提高管理工作的科学性

管理原理是不可违背的管理的基本规律。遵循这些原理的管理是科学、成功的管理；违背管理原理，将出现管理混乱和无效的情况。认识管理原理之后，实践就有了指南，建立管理组织、进行管理决策、制定规章制度等就有了科学依据。

（三）掌握管理原理有助于准确找到解决问题的途径和手段

例如，依据组织的实际情况，建立科学合理的管理制度、方式与方法，使管理行为制度化、规范化，使管理的许多常规性工作有章可循、有规可依。这样，领导者就可以从各种常规事务中抽身出来，集中精力进行宏观的管理，即使领导者更换，系统依然可以有条不紊地运作。

总之，学习并掌握管理原理是为了指导一切管理行为，有利于强化管理工作，提高管理工作的效率与效益。

四、主要的管理原理

（一）系统原理

1.系统原理的内涵

所谓系统原理，是指人们在从事管理工作时，既要把系统看成由各个要素组成的有机整体，又要通过各个要素之间的联系，去揭示整体的发展规律，通过对管理活动进行充分的系统分析，以达到优化管理的目的。系统原理要求管理者必须从系统整体出发，又以系统整体为归宿，用系统论的观点、理论和方法来认识和处理管理中出现的问题。为此，我们可以从以下五个层面来认识系统原理的内涵。

1）认识系统要素的不可分割性，树立整体思维观

整体性是系统方法的核心，要求我们在处理事务时，要从全局出发，以大局为重，注重整体效应，在整体规划下，不断与系统内各要素交换能量、信息，协调各个要素，调动各个要素的积极性，这样才能实现整体目标。为了保持系统的统一性和整体性，防止系统成为一盘散沙，必须对系统内的权力进行必要控制。一方面，需要沿着权力产生的各环节形成一个连续的监督与制约链条，建立群众的参与机制，同时为了便于监督制约，还要按照不同的性质对权力进行分解，使它们彼此之间相互制衡；另一方面，在系统内要实行统一领导，避免多头领导，注意

信息反馈,及时对环境信息进行搜集、处理和分析,以实现对管理过程的控制。

2)保持系统与环境的动态平衡,树立科学发展观

任何系统都不能脱离环境而独立存在,环境对系统具有决定作用。企业在社会大系统中存在,它不是孤立的,要处理与各方面的联系,要受到周围各方面因素的制约,企业只有适应社会和市场的变化,预测环境变化方向,随机应变,进行自我调节,采取有效措施,才能适应社会发展的需要。由于事物的发展都有其内在规律性,我们可以通过掌握环境因素的发展规律,对环境变化趋势作出科学预测,在此基础上进行准确预测、制订计划。由于环境因素结构与作用的复杂性,我们往往难以对环境变化作出准确预测,因此,进行决策、制订计划时需要保持必要弹性,从而对环境变化保持一定的应变能力。另外,随着环境的变化及由此导致的系统变革,人的素质能力与职位要求可能不再匹配,因此还需要加强人员的使用管理,保持人员素质能力与职位要求之间的动态平衡。

3)理解系统的层次性,树立权责对等观

现代社会分工的复杂性和社会组织的规模化,决定了任何社会组织都需要在内部进行纵向层次和横向层次职能间的分工。系统层次性的属性要求各子系统各在其位、各司其职、各负其责,防止越俎代庖、相互推诿、上行下效以及权力和矛盾上交。在纵向上,上级对下级都应通过制度、目标与政策进行宏观上的控制与监督,而非具体干预,并做到只管一级,防止越级领导;在横向上,应以职能为依据,进行机构、职位设置以及权力、责任和人员配置,同时应建立健全工作协调制度,对各层次之间以及同一层次不同机构、职位间的关系作出明确规定。这是避免彼此间相互争权夺利、相互推诿,从而提高组织运行的效率。

4)注重内外相关性,树立协调观

系统的各个要素及子系统之间相互联系、相互制约,任何一个要素或子系统发生变化,都可能对其他相关要素、子系统或系统整体产生影响。同时系统又是开放的,与外部环境不断进行着物质、能量和信息的交换,不仅拥有自己的子系统,而且自身还是一个更大系统的子系统。任何组织都不能封闭自己,在分析问题和解决问题时,不仅应将系统内的各个要素联系起来综合考虑,还应考虑到外部环境的制约以及对外部环境可能产生的影响,统筹兼顾,重点突出,这样系统才能求得生存和发展。

5)关注系统的目的性,树立战略观

每一个系统都要有明确的目的,不同系统有不同的目的,目的不明确或混淆

不同的目的,必然造成系统管理的混乱。在现代管理系统中,常常存在着多种目标的系统,这种多目标常常导致目标间的矛盾,在人、财、物、时间、信息等方面相互干扰,这就需要进行组织协调。管理者要从主要目标出发,统筹兼顾,妥善处理,以达到整体目标最优。现实中常常有多种目的存在,为了保证系统有效和高速运转,就应采取多种措施使系统的多种目的协调一致,尽量减少目的间的冲突,根据系统各个目的的重要性剔除次要目的。同时还要把系统目的转化为目标,目标是系统目的的具体化和量化,目标的设置便于系统围绕着某个中心任务进行自我组织和调控,激励人们尽快实现目标的斗志。

2. 系统原理的基本原则

根据系统原理,我们可以引申出的管理原则主要包括整分合原则、综合性原则、有序性原则。

1)整分合原则

系统是一个有机整体,系统内部的各个要素都有着不同的功能和作用。因此,在整体把握基础上,必须做好管理的分工。要提高管理的工作效率,必须对如何完成整体工作有着充分细致的了解;在此基础上,再将整体分解成一个个基本要素,进行明确的分工,使每项工作规范化,建立责任制,然后进行科学的组织综合。整体把握,科学分解,组织综合,这就是整分合原则的主要含义。

管理者的责任在于:从整体要求出发,制定系统的目标;根据科学的分解,明确各子系统的目标;按照确定的规范,检查执行情况,处理例外事件,考虑发展措施。在这里,分解是关键,只有分解正确,分工才合理,规范才科学、明确。只有在合理分工的基础上,组织严密有效的协作,才是现代的科学管理。想做好管理工作,提高工作效率,科学的分解和合理的分工是极为重要的。但是,分工并不是现代化管理的终结,分工也不是万能的,也会带来许多问题。分工的各个环节,特别容易在相互联系方面出现脱节,在相互影响方面产生新的矛盾。因此,必须进行强有力的组织管理,使各个环节同步协调,有计划、按比例综合平衡发展,才能创造真正具有水平的生产力。

2)综合性原则

系统是由各要素所组成的,对系统进行管理,就需要从系统的构成要素、其排列组合所形成的系统结构、功能、相互关联的方式以及系统的历史发展等方面进行综合考察和分析,并以综合为基础,在综合过程中与分析有机结合起来。也就是说从综合出发,在综合基础上进行分析,然后再回到综合。每一层次分析的结果都要反馈到上一层次的综合中去,并与整体要求相比较。按照比较差异,重新进行分析、修改,使部分与整体达到统一。因此,综合性原则可以理解为在管理活动中必须综合考虑各因素对管理系统的影响,采取综合措施,统筹安排管理。

在管理活动中,运用综合性原则应注意三个方面的问题。一是对于多目标的系统,应注意系统目标的多样性和综合性,在保证系统主要目标实现的同时,统筹兼顾各个目标,从全局着眼,力争系统多目标体系协调实现,不能顾此失彼。二是针对系统的相关性,要全面考虑一项管理政策、措施可能引起的多方面后果,采取配套的解决措施,以便减轻或避免一些措施的实行可能造成的震荡或损失,确保系统的稳定和连续运营。三是解决一个问题,应有多个方案,要从可行性、效益等诸多方面加以综合保证,广博各方案之长,加以综合配套使用。

3)有序性原则

系统是由各要素组成的有机整体,一个系统要实现稳定发展,系统各要素间必须根据系统的目标有机联系在一起。也就是说系统并不是组成它的各个要素的简单相加,也不是各个要素无组织、无秩序地混乱组合。系统是各个要素通过相互联系、相互作用,有组织化、有序化、集成化的结果。因此,有序性原则可以表述为,系统各要素是按照系统的目标与功能、按照等级和层次进行有机联系的。

在系统内部,各要素之间的稳定联系,必须产生在时间和空间上的排列组合方式。凡是系统,都是有序的,系统的有序性是系统的有机联系的反映。系统的有序程度可以通过熵值或信息量来度量。熵,表示系统的无序程度,熵值越高,系统的确定程度就越低,无序化程度越高。负熵则表示系统有序的程度,信息就是一种负熵,信息使系统不稳定性减少。系统的演化有两种情况:系统从无序走向有序,是系统的发展;系统从有序走向无序,则是系统的退化。要使系统从无序走向有序或走向更有序,系统就必须保持开放,与外部环境进行物质、能量、信息的交换,抵消系统内增加的熵,即增加系统内的负熵。系统有序化发展的关键在于使系统内各子系统按照目标协同运行,从而达到控制目的。

(二)人本原理

1.人本原理的内涵

所谓人本原理,是指一切管理工作必须以调动人的积极性、主动性和创造性,做好人的工作为根本。现代管理理论研究表明,人是社会发展的决定性因素,一切科学技术的进步和所有物质财富的创造,以及社会生产力的发展、社会经济系统的运行,都离不开人的劳动、人的服务以及人的管理。在管理活动中要正确理解人本原理,要抓住人这个核心,必须注意把握以下三个方面的内容。

1)员工是企业的主体

人本原理的实质在于充分肯定人在管理中的主体作用,通过研究人的需要、动机和行为并以此激发人的积极性、主动性和创造性,实现管理的最佳效益。按照人本原理,人是做好整个管理工作的根本因素。一切管理制度和方法都是由人建立的,一切管理活动都是由人来进行的,最大限度地发掘和调动人的潜力是提高管理效益的关键。贯彻人本原理就必须把人看成企业管理的主体,掌握行为科学理论,正确地认识人,科学地研究人,准确识别人的主导需要和主导动机,发现未满足的需要以作为激励的起点。

2)有效管理的关键是员工参与

实现有效管理,一种方法是通过高度集权,凭借严格的管理制度和严厉的组织纪律,重奖重罚,以期达到个人职责及工作程序的最高、最大限度的效率,并有效地防止渎职、怠工、腐败和浪费。如吕尚所言:"杀一以惩万,赏一而劝众。"企业一旦实行这种管理方法,虽然能迅速达成意想中的效果,但其中的弊端却显而易见。另一种方法是适度分权,民主管理。依靠科学管理和员工参与,将个人利益与企业利益紧密结合,使企业全体员工为了共同的目标而自觉地努力工作,从而保证企业管理的高效。两种方法的本质差别就在于,前者把员工看成单纯的管理客体,员工处于被动被管的地位;后者把员工视为管理的主体,让员工处于主动参与管理的地位。当企业员工面临失业危机或来自社会政治、经济环境的压力时,前一种管理方法可能是有效的;当员工经济已较为富足,就业和流动比较容易,社会政治、经济环境比较宽松时,后一种管理方法更加合理有效。

3)管理是为人服务的

人本原理强调管理以人为中心,管理是为人服务的,管理就是服务。人是管理的主体,应尊重人的权益,理解人的价值,关心人的生活,并且提供可靠的途径、创造优厚的条件,使人在企业中得到发展,实现人的目标。创造满意的员工,才能保证企业生产经营活动得以正常进行,才能使企业的效益获得最大的回报。人在企业中的满意度是企业在市场竞争中的制胜法宝,企业为人服务,人为企业奉献。人是服务的主体,企业才会有生机和活力。企业发展进步需要不断进行自我完善,员工个人的发展也要在企业的发展中不断加以完善。良好的管理不仅能确保企业健康发展,也为员工的自我完善、实现自身价值创造了条件。

2.人本原理的基本原则

在管理实践中,要有效贯彻人本原理,必须遵循以下原则。

1)能级原则

能是做功的量,这是个物理学上的概念,在现代管理中也存在。任何组织和个人都有一个能量。既然有能量,就有大小,能量大,具有较大的做功本领;能量小,做功的本领就小。能量既然有大小,就可以分级。所谓能级,就是不同能量的人按照一定的规范和标准分类。科学有效的管理必须将每个人都按其能量进行分级,使有相应能力的人处于相应能级的岗位,这就是能级原则。管理的能级是不以人的意志为转移而客观存在的,正是能级构成了管理的"场"和"势",使管理有规律地运动,以获得最佳的管理效率和效益。现代管理的任务是建立一个合理的能级,使管理内容能动态地处于相应的能级中。

2)动力原则

管理必须有强大的动力,正确地运用动力,使管理持续而有效地进行下去这就是动力原则。在现代管理中,有三种不同而又相互联系着的动力。一是物质动力。物质是第一性的,物质决定意识。物质动力,是推动管理系统发展的根本动力。物质动力包括个人的物质利益和社会经济效益,即物质动力不仅是物质鼓励,更重要的是经济效益。只有争取最大的经济效益,使物质财富不断增加,才能满足人们的物质生活需要。二是精神动力。有效的管理向来不把物质鼓励当作唯一的方法,而是同时运用精神动力去推动人们前进。精神动力主要是指理想教育,包括日常的思想政治工作、精神鼓励等。精神动力是客观存在的,管理是人的活动,人有精神,就有精神动力。精神动力不仅可以弥补物质动力的缺陷,而且本身就具有巨大的威力。三是信息动力。信息作为一种动力,有超越物质和精神的相对独立性。人们通过对有用信息的收集、获取和交流,看到自己的不足,找到自己努力的方向,进而成为一种经常性的动力。

3)人尽其才原则

人是系统内最活跃的因素,人的能力、特长、气质各异,而且不同的工作岗位对其人员素质要求也是不同的。在人的使用和安排上,就要考虑这些因素,根据每个人的特长来安排适当的工作岗位,并动态地加以调整,使其才能得到最充分的发挥。用人,就是要用人所长,只有把每个人都安排在其能力最适应的岗位二,才能最大限度地发挥人的积极性和创造性。在实际中,人尽其才原则最关键的一点,就是如何用人之所长,避人之所短。用人之长,就是依其所长委以相应的工作,使其充分发挥聪明才智,以作出最大的贡献。现代管理者最忌讳的就是仅见人之短,而不能见人之所长,用人上求全责备。用人之所长,还体现在任用那些敢于反对自己的人,敢于任用那些能力比自己强的人,以最大限度地发掘人才,实现人才最佳组合。

4)行为原则

调动各级各类人员的积极性是做好整个管理的根本,如何科学地对自己下属的行为进行管理,这是一个关键的问题。行为原则要求管理者对管理对象中的各类人员的多种行为进行科学分析和有效管理。科学管理遵循行为原则的根本目的,是要最大限度地调动、巩固和发挥管理系统中每个成员的积极性。为了达到这个要求,需要做到以下四个方面:①要尽力满足自己下属人员正当的、合理的物质和精神方面的客观需要。每个人都有自己的客观要求,对于那些正当的、合理的,又有可能解决的物质和精神需要,管理者有义不容辞的责任尽力满足,这是调动组织成员积极性的根本前提。②务必使每个人都有确定的、可以考核的具体责任。要根据不同的情况,实行适当的责任制。任何企业都应实行适合自己情况的责任制,任何责任都必须落实到每个人身上。③一定要对每个人所负责任的履行结果,进行认真验收,并按规定给予奖惩。④必须采取恰当的激励方法,如目标激励、领导激励、榜样激励等方法。

5)目标、责任、权力、绩效、利益相统一的原则

对人进行科学管理,充分发挥一个人的才能,从而达到预期的目标,这是人本原理的主要含义。真正科学的管理,必须把组织的结构和功能同人的社会性统一起来,把组织的目标、责任、权力转化为个人的目标、责任、权力,还要把取得的成绩同利益联系起来。这样才能从整体需要上调动每个人的积极性、主动性和创造性,使其自觉完成组织交给的任务。目标、责任、权力、绩效、利益这五个因素,就构成了相互作用、相互制约的不可分割的有机整体。

第二章 油气田企业生产管理

生产管理是指为了实现企业生产的预定目标,对生产活动进行有计划、组织和控制的综合管理活动。生产管理是企业的人事、设备、销售、财务、成本管理等其他管理的基础,是企业管理的重要组成部分。油气田企业生产管理的主要内容有生产计划、石油勘探钻井、油气生产、油田井下作业、炼油生产、石油产品质量及科技管理等。要做好生产管理工作,可以合理地组织企业生产活动,充分利用油气资源,有效地进行生产控制,全面完成和超额完成油气及油气产品的生产任务,做到少投入多产出,不断提高油气田企业的经济效益。

第一节　企业生产计划

生产计划规定着油气田企业在计划期内需要完成的产品产量、品种、质量和产值等指标。编制生产计划是编制物资、劳动、技术、成本等其他计划的基础,生产计划是生产管理的依据,是企业年度综合计划的主要内容,是企业全面计划管理的核心。因此,搞好企业生产计划具有重要意义。

一、生产计划指标

油气田企业生产计划的主要指标有产品产量、产品品种、产品质量、产品产值、总产值和净产值。这些指标代表不同的经济内容,从不同角度反映了企业的生产水平。

(一)产品产量指标

产品产量是油气田企业在计划期内生产的合格产品及可供销售的半成品的实物数量。以实物单位表示产品数量,如原油产量用"吨"来表示,钻井进尺用"米"来表示,设备用"台"来表示等。

产品产量中,不包括外销的废品、未经加工而转售的产品,但包括油气田企业非生产部门消耗的成品和半成品。产品产量是油气田企业生产的重要指标，它体现了企业的生产能力和发展水平。

（二）产品品种指标

产品品种指标是指油气田企业在计划期内生产的产品名称和品种数。产品品种不仅表明企业在品种方面满足社会需要的能力，还能够反映企业的生产技术水平和管理水平。随着科学技术的迅速发展，产品更新换代频繁，新的产品品种不断增加。新产品在性能、质量、价格等方面都优于老产品。发展新产品，可以增强市场竞争能力和满足社会日益增长的需要。

（三）产品质量指标

产品质量指标是指在计划期内各种产品应该达到的质量标准。质量标准反映了油气田企业对产品的内在质量（如机械性能、工作精度、使用寿命，使用中的经济性等）和外观质量（如产品的外形、颜色、装潢等）的要求。产品质量指标可分两类，一类是反映产品本身内在性能的技术性指标，如原油含水率、零件合格率等，另一类是反映油气田企业生产工作的质量指标，如废品率、返修率等，但它不反映产品本身质量的好坏。

产品质量指标是反映油气田企业生产技术水平和管理水平的主要标志，也是产品使用价值大小的具体表现。

（四）产品产值指标

产品产值是指油气田企业在计划期内生产可供销售的产品（或工业性作业）的价值。

产品产值主要包括的内容有：①用油气田企业自备原材料生产的产品的价值；②用订货者原材料生产成品的加工价值；③已完工的对外工业性作业的价值。

产品产值是反映油气田企业生产成果的主要标志，表明企业在计划期内为国民经济提供的商品总量。

（五）总产值指标

在油气田企业中，总产值是指用货币表现的企业在计划期内生产的油气及其他产品总量。它可以衡量企业在一定时期内的生产规模和水平，也是研究生产发展速度，编制劳动工资计划、财务计划的重要依据。

总产值主要包括的内容有：①油气田企业计划期内的全部商品产值；②已被加工成产品的订货者来料价值；③自制半成品在制品期末、期初差额价值；④油田自采并用作进一步加工的天然原油和天然气的价值。

(六)净产值指标

净产值是指油气田企业在计划期内新创造的价值,即从油气工业总产值口扣除消耗价值以后的新创造的价值。国民经济各物质部门净产值之和,即为全社会的国民收入。其计算方法有两种,即生产法和收入法。

按生产法计算净产值,是以总产值为基础,扣除物质消耗后的余额,其计算公式如下:

净产值=按现行价格计算的工业总产值−按现行价格计算的物质消耗价值

物质消耗价值包括原材料、燃料、外购动力、折旧费用以及其他物质消耗费用等。

按收入法计算净产值是从国民收入的分配角度出发,把构成净产值的各要素相加,其计算公式如下:

净产值=固定资产折旧+劳动者报酬+生产净税额+企业盈利

二、生产计划编制

生产计划的编制是油气田企业生产计划管理的首要环节,是计划期内企业全体职工进行生产经营活动的共同奋斗目标,因此,必须做好生产计划的编制工作。其主要内容如下。

(一)编制生产计划应遵循的原则

1.以销定产的原则

以销定产实质上是以需定产,编制生产计划要以满足社会需要为原则,决定油气田企业生产什么产品和生产多少产品。供过于求的产品是无用的产品,过剩的生产属于浪费性生产。油气产品必须遵循以需定产的原则。目前,油气及油气产品等不存在"滞销"的问题,但应注意产品的质量和品种,尽量满足四化建设和出口的需要。

2.综合平衡的原则

这是指在确定生产计划指标时,要进行"供、产、销"和"人、财、物"的综合平衡工作。编制油气田企业生产计划时,除考虑社会对产品需要外,还要考虑企业的生产能力、生产的可能性。同时还要做好各经济指标之间的平衡,如产品产量、品种、成本、利润等各项指标进行分析比较、选择调整,达到经济效益最优条件下的平衡。

3.最优化原则

这是指油气田企业安排生产的最优化,在一定的人力、物力和财力的条件下,经过合理的运筹安排,少投入多产出,以期获得最佳的经济效益。

(二)编制生产计划的步骤

1.调查研究,掌握情况

油气田企业在充分调查研究的基础上,应该掌握以下主要内容:上级主管部门下达的国家计划任务和有关指标、油气田企业规划的目标、国内外市场的变化情况和市场的预测资料、上期产品计划完成情况、库存情况、技术组织措施计划的执行情况、产品销售情况、物资供应、设备检修、劳动力配备情况等。研究分析影响产品生产和销售的各因素,把有关资料整理加工,作为编制生产计划的依据。

2.统筹安排,确定生产计划指标

油气田企业应根据社会对产品的需要情况以及企业自身的生产能力,统筹安排全年生产任务。其中包括产量指标的确定;指标分解和落实;产品生产进度的控制和安排;产品品种的选择和搭配等,提出初步生产计划草案。

3.综合平衡,上级批准

油气田企业综合平衡的主要内容有:生产任务与生产力、物资供应之间的平衡,测算原材料、燃料、动力、设备等劳动资料对生产任务的供应程度;生产任务与劳动力之间的平衡,测算劳动力的工种、数量、素质等与生产任务是否相适应;生产任务与生产技术准备的平衡,测算产品试制、工艺准备、设备维修等与生产任务的适应程度;生产任务与资金占用的平衡,测算流动资金对生产任务的保证程度等。

企业生产计划报请主管部门批准后,才能最后确定各项生产指标。

三、生产作业计划

生产作业计划就是生产计划的具体执行,是把油气田企业年度、季度生产计划中规定的月度生产任务,具体地分配给各矿(大队、车间)、小队、班组及个人,给他们规定月、旬、周、日以至小时的生产任务,从而保证企业生产计划的完成。

(一)编制生产作业计划的意义

编制生产作业计划对于加强生产管理和整个油气田企业管理具有重要意义:①编制生产作业计划是建立企业正常的生产秩序和管理秩序的重要手段。

通过生产作业计划的编制,规定每个单位和个人的生产任务,部署、检查生产作业计划的完成情况,并与企业经济责任制相结合,为生产作业计划的完成做好充分准备。②生产作业计划是生产计划管理的重要环节。通过生产作业计划的编制,有利于企业根据市场变化情况和企业生产动态,不断调整和补充原计划的不足,便于发现和解决新的问题,以保证企业年度计划的顺利实现。③生产作业计划是组织均衡生产的重要保证。制订生产作业计划,可以防止生产前松后紧的忙乱现象,做到有条不紊地进行生产。

(二)编制生产作业计划的要求

编制生产作业计划的基本要求有:①生产作业计划要使生产计划中所规定的生产任务,在产品品种、数量、质量和生产期限等各项指标得到全面落实。②要从油气田企业的实际情况出发,充分掌握有关资料,制定科学合理的作业计划标准,不断提高作业计划的质量。③油气田企业所属各矿(大队、车间)、小队、班组等各级生产任务要相互衔接和紧密配合,同时要在技术准备、原材料供应、人员配备、运输等方面做好平衡工作,以期达到生产过程的连续性、协调性、均衡性,有利于企业缩短生产周期,提高生产效率。④要减少开支,节约流动资金,降低生产成本。

(三)编制生产作业计划的程序

编制生产作业计划的程序一般采用"两下一上"。主要有:①厂部拟定各矿(大队、车间)月度作业计划草案,发给各矿(大队、车间)和有关科室,明确各矿(大队、车间)作业计划的任务和各项生产指标以及保证完成各项计划的措施。②各矿(大队、车间)根据厂部下达的各项生产指标进行试算平衡,编制各小队、班组的生产作业计划草案,并发动职工共同讨论和修改,制定实施办法,再由小队、班组到各矿(大队、车间)逐渐平衡,编报计划。③厂部汇总各矿(大队、车间)和有关科室的计划,经过综合平衡后,编制全厂正式生产作业计划,并下达各单位贯彻落实执行。

(四)编制生产作业计划的内容

编制生产作业计划的主要内容有以下四点:①制定先进合理的期量标准,期量标准也称作业计划标准。对生产作业计划中的生产期限和生产数量,油气田企业的主管领导和有关部门要进行科学的分析和研究,然后制定出一套标准数据,它是编制生产作业计划的依据。②根据各矿(大队、车间)投入产出计划所规定的各种产品的投入期、出产期、投入量、出产量以及投入和产出的进度安排,将各矿(大队、车间)月度作业计划任务下达给生产小队和班组,并规定产品的品种、数量、期限、进度等。③核算和平衡生产设备、生产面积的负荷,消除负荷不均的现象,使生产任务在生产能力方面得到保证,充分发挥各单位的生产能力。④做好日常生产调度和派工。根据各生产小队和班组的生产任务,及时合理地安排生产调度和派工工作,把生产任务落实到班组或个人,并与岗位责任制相结合,做好生产的一切准备工作。

四、生产进度控制

生产进度控制是指对从原材料投入生产开始到出产成品入库为止的全部生产过程所进行的控制。油气田企业在生产计划执行的过程中,可能会发生人们事先没有预料到的问题,因此必须及时检查监督,以便随时发现问题,随时进行调节和解决,这种在计划执行过程中的检查、监督、调节等工作,都属于生产控制的范围。生产进度控制是指从时间上和数量上两个方面进行控制,即期量控制。通过生产控制,采取有效措施,防止和克服生产中发生的问题,保证生产计划的顺利实现。

(一)投入进度控制

投入进度控制是指油气田企业对原材料投入的日期、数量和所需生产的品种数是否符合计划要求,同时也包括各道工序流转的半成品的期量以及投入的人力、设备、技术措施等是否按计划期量进行。做好投入进度控制,可以保证产品生产按计划进行,防止产品积压,做到均衡生产。

(二)出产进度控制

产品出产进度控制是指油气田企业对产品出产日期、出产数量、均衡性和成套性进行控制。出产进度控制能使各生产环节相互衔接,相互配合,做到均衡生产,保证不同时期的产品产量按计划完成。

由于油气田企业部门较多,生产的产品也不同,因此,产品的投入进度控制和出产进度控制的方法也不同,必须结合油气田生产的特点进行控制,灵活选用控制进度的方法,以达到控制的目的。

(三)工序进度控制

工序进度控制是指企业对产品在生产过程中所经历的每道加工工序的生产进度进行控制。工序进度控制是完成生产作业计划的基础工作,只有做好工序进度控制,才有可能保证企业均衡生产、成套生产。油气田企业工序进度控制主要适用于油气机械厂等单位,对于采油单位则不适用。

（四）产品占用量控制

产品占用量的控制是生产进度控制的一项内容。在生产过程中,由于连续生产,在各生产阶段和各生产环节会有一定数量的在产品或半成品。确定在产品数量是保证生产正常进行必不可少的环节之一。如占用量过大,储备过多,就会造成积压。同时也会增加资金占用量和增加生产费用。因此,必须对在产品占用量进行合理的控制,既能保证生产的需要又不致造成生产过剩。

第二节　石油勘探钻井管理

石油勘探钻井管理是指对勘探钻井进行计划、组织与实施、成果考核与评价等综合性管理工作。通过石油勘探钻井,可以探明油气地质储量,为采油采气、油气田开发建设做好先行准备工作。加强石油勘探与管理,对于保证勘探钻井速度与质量,降低勘探钻井成本,少投入多产出,提高经济效益,有着十分重要的意义。

一、勘探程序管理

（一）石油勘探程序

石油勘探程序是指运用地面地质调查、地球物理、地球化学等方法探测地下的油气圈闭,通过钻井发现油气田,并进一步探明油气田的储量和面积等一整套工作。

1. 区域勘探阶段

此阶段对含油气构造的地质情况进行整体调查,了解和掌握勘探区域内基本的油气地质条件,圈定有利的生油储气构造,选择油气集聚储存最为有利的地带,预测可能存在的油气圈闭的类型,进行早期地质储量和资源的预测。

2. 圈闭预探阶段

此阶段的任务是在选定的有利圈闭上进行钻探,探明油气性质、层位及工业开采价值,估算储量,且其储量精确程度不能低于50%,为详探部署提供依据。

3. 油气藏评价阶段

此阶段的任务是探明含油气的边界、范围、圈定油气田面积,确定油气层位和油气藏的特征,进一步探明储量,要求其精度不能低于80%,以便为油田开发方案提供依据。

(二)勘探程序计划管理

1.勘探项目管理

按勘探地区和勘探阶段把勘探任务划分为若干个项目,规定各项目的勘探面积和勘探任务等。

2.制定勘探项目的整体规划

制定勘探项目的整体规划包括石油天然气储量预测,勘探工作的具体部署,实施的工作程序、各种勘探方法的工作量、质量和时间要求,以及工业布局网点分布情况。规划要求预计各种勘探方法的勘探费用,进行必要的经济论证,选择技术先进、经济合理的勘探方法。勘探项目的内容包括:计算勘探面积及投资费用,单位面积投入的地质工作量、计划钻探的圈闭数量、预计打深井数、当年能完钻的探井数、探井总进尺数、探井计划成本、每口探井能获得的地质储量和投资数额等。

3.编制勘探项目的单项工程设计

其主要内容包括单项工程施工方法和施工进度等。

(三)勘探程序组织与实施

勘探程序管理主要以勘探项目管理为基础,在一个含油气地区或含油气构造,根据勘探任务,组织专门的管理机构和办事人员,负责编制具体勘探项目的计划,接受国家投资,承担下达勘探任务,汇报勘探成果。项目管理的主要任务是:①组织编制勘探项目的总体设计、单项工程设计、安排施工作业计划。②施工单位与承包单位签订施工合同,监督施工,按合同规定组织质量验收。③负责勘探项目投资的使用与管理,按计划或工程进度索取上级主管部门拨款,并按合同的有关规定向承包单位进行工程结算,支付施工费用。④向上级主管部门提交年度勘探项目成果报告和经济效益分析报告。

(四)勘探成果考核与评价

1.单项工程的验收

主要根据单项工程承包合同的条款进行工程质量验收,如取全、取准合同规定的各项数据,绘制各种构造图、分析图等,做好工程进度验收。根据单项工程的竣工验收来评价单项工程的勘探成果。

2.年度项目勘探成果报告

包括地质成果报告、储量报告和经济效益分析报告,全面衡量勘探项目的勘探成果和经济效益。

3.评价勘探成果的指标

1)圈闭钻探成功率

它是反映所提供的圈闭含油气准确程度的指标。在地质勘探中,为了准确查明含油气区的构造情况,需要了解圈闭范围、大小、类型,然后决定部署钻井。圈闭钻探成功率指标实际上是反映地质详查效果的指标,其计算公式如下:

$$圈闭钻探成功率(\%) = \frac{获得工业性油气流的圈闭数(个)}{已钻探的圈闭个数(个)} \times 100\%$$

2)预探井钻探成功率

它是反映预探井部署准确程度的指标,说明地质勘探获得工业性油气流的情况,其计算公式如下:

$$预探井钻探成功率(\%) = \frac{获得工业性油气流的预探井数(口)}{已完成的预探井数(口)} \times 100\%$$

3)探井资料合格率

它是反映探井录入地质资料工作质量的指标;其计算公式如下:

$$探井资料合格率(\%) = \frac{探井资料合格井数(口)}{探井完成井数(口)} \times 100\%$$

评价勘探成果的指标还有探井资料优质率、探井电测解释符合率、探井气测解释符合率、探井地质录井解释符合率、探井进尺地质报废率、每单位探井进尺获得石油(气)地质储量、每增1吨石油(1 000立方米天然气)地质储量成本等指标。

二、钻井工程管理

钻井工程管理是指对勘探开发油气田钻井工程全过程的技术、经济等方面的管理工作。为了勘明地质储量和油气田的开发建设,首要工作就是钻井。钻井工程的主要内容有:钻前准备工程、钻井工程、固井工程、测井作业和试油工程等。钻井工程管理的主要任务是提高钻井速度和工程质量,节约钻井工程成本,不断提高钻井工作的经济效益。

(一)钻前准备工程

钻前准备工程质量如何,直接关系到钻井速度和工程质量。因此,必须做好钻前准备工程,使钻井工作顺利进行。

1.钻前准备工程的主要内容

1)井场准备

井场准备是指根据地质部门选定的井位,进行平整井场、挖泥浆池等土石方工程。

2)修筑道路

修筑道路是指修筑通向井场的道路。处于平原的油田,道路比较好修;有些油田处于山区,修路较困难,而且工作量大,投资也多。

3)钻井设备的搬迁安装

钻井设备搬迁方式是根据井位距离远近、地形条件和钻机类型来确定的。

2.钻前准备工作的劳动组织

主要是根据劳动量大小、施工难易程度和钻机型号来确定的。如修筑道路是山区,劳动量较大、施工难度大,这样劳动力就应多些,组织机构也相应要大些;反之,如修筑道路是平原,劳动量较小、施工难度小,这样劳动力就应少些,组织机构也相应要小些。钻前安装队的组织机构可由正副队长、书记等人组成领导班子,并配备工程技术人员和财务人员。队部下设班组,负责钻前井架安装、设备安装等工作。

3.钻前安装工程岗位经济责任制

其主要内容包括:搞好钻机搬迁安装和严格执行质量技术标准,要求职工认真遵守操作规程,做到安全生产,做好考勤工作,合理发放奖金等。

4.钻前安装工程主要技术经济指标

1)基础施工计划数完成率

它是反映安装基础施工计划完成情况的指标,其计算公式如下:

$$基础施工计划数完成率(\%) = \frac{实际完成基础施工井数(口)}{计划完成基础施工井数(口)} \times 100\%$$

2)搬迁安装计划数完成率

它是反映搬迁安装计划完成情况的指标,其计算公式如下:

$$搬迁安装计划数完成率(\%) = \frac{实际搬迁安装井数(口)}{计划搬迁安装井数(口)} \times 100\%$$

(3)安装质量合格率

它是反映钻机安装质量的指标,其计算公式如下:

$$安装质量合格率(\%) = \frac{安装质量合格井数(口)}{全部安装井数(口)} \times 100\%$$

（4）井架维修合格率

它是反映井架维修质量的指标，其计算公式如下：

$$井架维修合格率(\%) = \frac{维修合格的井架数}{全部维修的井架数} \times 100\%$$

（5）单井费用节约率

它是反映单井安装成本节约情况的指标，其计算公式如下：

$$单井费用节约率(\%) = \left(1 - \frac{实际单井费用}{计划单井费用}\right) \times 100\%$$

（二）钻井工程

钻井工程是油田勘探开发的重要环节。钻井工程必须按照地质设计目的和施工要求，取全、取准各项资料，使井身结构、井身质量达到规定标准，完成钻井任务。

1.钻井工程的管理内容

钻井工程是指钻井队在具备开钻的条件下，从开钻到完钻这一部分工程。要求按工程设计选择钻具、钻机，以及合理的钻压、转速、泥浆排量等参数，实现优质高速钻井。其主要管理内容如下。

1）钻具管理

钻具包括方钻杆、钻杆、钻铤、配合接头等。加强钻具的维护保养，防止断裂，实现钻具优质高效安全地使用。

2）钻机管理

钻机包括绞车、天车、游车、大钩、水龙头、转盘、泥浆泵和井架等。加强钻机的维护保养，使之始终处于良好状态。操作人员应按照规程操作，做到安全生产。

3）泥浆管理

要科学调配泥浆，保证泥浆的性能，达到优质、均匀、稳定。同时要做好泥浆资料的收集和整理工作。

4）取芯质量

取芯就是采用专用工具将地下岩石取出。不论采用什么方法取芯，其目的都是要将岩芯完整地取出，保证取芯质量。

5）井身质量

井身质量一般以井斜角、井斜方位角、井底水平位移和井眼扩大率等参数衡量，施工时必须保证井身质量，做到科学开发油田。

6)冬防保温

处于高寒地区的冬季钻井施工,要做好冬季保温工作,保证正常钻井。

7)材料消耗定额

材料消耗定额是指在一定的生产技术组织条件下,每打一口井消耗的主要材料标准。材料消耗定额是收发料的依据,对于保证生产耗料,节约材料消耗,降低钻井成本都有重要意义。

8)交井

钻井队钻完井后交给钻井大队验收,大队再按合同规定标准向采油厂交井。

2.钻井工程的劳动组织

这是指按单井作业流程合理安排人力和设备,建立领导机构和配备队长、班长等领导组织人员。在钻机搬迁安装、固井、测井等施工中,各部门要相互协调配合,建立相应的管理制度和岗位经济责任制,把各项生产指标分解,落实到人头,做到事事有人管,人人有专责,要加强经济核算,建立经济核算制,控制成本支出,算出单井成本。

3.钻井工程的主要技术经济指标

1)钻井进尺(米)

钻井进尺(米)是从转盘方补心表面算起,直至井底的距离。

2)钻井数(口)

钻井数(口)是指在计划期内钻井队完成设计规定的全部工序后,经检验合格的井数(口)。

3)钻机月速度[米/(台·月)]

钻机月速度[米/(台·月)]是反映钻井工作时间内钻井效率的指标。其计算公式如下:

$$钻机月速度[米/(台·月)] = \frac{有效钻井进尺(包括取芯进尺)(米)}{钻机工作时间(台·月)}$$

式中,钻机工作时间(台·月)的计算公式如下:

$$钻机工作时间(台·月) = \frac{各井自开钻到完井全部时间(天)之和}{30天}$$

4)完成井平均建井周期

完成井平均建井周期是综合反映建井速度的指标,其计算公式如下:

$$完成井平均建井周期 = \frac{各完成井建井周期之和}{完成井数(口)}$$

5）井身质量合格率

井身质量合格率是反映井身质量的指标，其计算公式如下：

$$井身质量合格率(\%) = \frac{井身质量合格的完成数(口)}{完成井数(口)} \times 100\%$$

6）单井成本降低率

单井成本降低率是反映单井成本节约情况的指标，其计算公式如下：

$$单井成本降低率(\%) = \left(1 - \frac{单井实际成本}{单井计划成本}\right) \times 100\%$$

7）岩芯收获率

岩芯收获率是指实取岩芯长度与取芯进尺之比，其计算公式如下：

$$岩芯收获率(\%) = \frac{实取岩芯长度(米)}{取芯进尺数(米)} \times 100\%$$

（三）固井工程

固井工程是指按照钻井的目的和固井设计要求，在已完钻的井眼与套管外壁之间的环形空间注入一定量的水泥浆，凝固后将套管固定，以便为油田勘探开发提供条件。固井工程的质量直接关系到油田勘探开发和经济效益的大小。因此，加强固井工作的管理，提高固井质量，是钻井工程管理的重要内容之一。

1. 固井工程管理的内容

1）固井设备管理

固井设备主要有水泥车、气动下灰车、罐车、水泥头等。固井设备是固井施工的重要手段，加强固井设备的管理是保证固井正常施工的重要条件。

2）固井设计

固井设计是根据钻井的目的和实际条件制定的，是固井施工的依据和准则。

3）固井生产准备

指固井合同签订后，做好施工前的技术、设备、人员等各项准备工作。

4）固井施工管理

包括固井施工前人员、设备、工具的管理，施工中的质量管理以及施工后期的管理。

（5）固井质量管理

固井质量是指通过固井作业在套管和井眼环形空间预定位置形成的水泥环，对地层和套管的胶结程度。固井质量管理对采油采气有着重要的影响。

6)固井安全管理

指交通安全管理和施工安全管理。

2. 固井工程的劳动组织

固井工程的劳动组织一般是由一定数量的车辆和人员组成的施工分队,分队设正、副分队长各一人。各分队应能独立完成固井任务,建立健全岗位责任制。

3. 固井工程技术经济指标

1)固井口数

它是计划期内实际完成的各类固井口数之和。

2)固井合格率

它是反映固井质量的指标。固井质量不仅影响钻速和成本,而且还影响油气的开采。固井要做到不漏、不窜、不断、不裂、不变形等固井要求。其计算公式如下:

$$固井合格率(\%) = \frac{固井合格数(口)}{计划期内固井总数(口)} \times 100\%$$

3)地面施工合格率

它是反映地面施工的质量指标。其计算公式如下:

$$地面施工合格率(\%) = \frac{地面施工合格井数(口)}{计划期内固井总数(口)} \times 100\%$$

4)全员劳动生产率

其计算公式如下:

$$全员劳动生产率(元/人) = \frac{计划期内完成总产值(元)}{固井全员年平均人数(人)}$$

(四)测井作业

测井作业是通过各种地球物理方法有效准确地划分井孔地质剖面,判断油气层厚度及埋藏深度。经过测井资料分析,可以获得孔隙度、渗透率、油气饱和度等多种参数,为油田开发提供依据。另外,还可以测量分层产量、水层位置,检查套管腐蚀情况、测量井斜,检查固井质量等,都是开采油气不可缺少的环节。

1. 测井作业管理的内容

1)测井设备、仪器的管理

测井设备主要指测井仪器车、绞车、宿营车。还有其他部门配合测井作业的油罐车、发电车、资料运送车、仪器检修车等。要加强这些车辆、设备的维修和保养,特别是要加强测井仪器的维修和保养,这些仪器的灵敏度、准确性高,价格昂贵,因此,要做好防震、防潮、防尘以及合理使用。

2)测井作业

测井作业是指按测井顺序和标准操作规程,录入测井曲线和各种资料。并进行资料整理、绘图、晒图和计算机处理,然后将测井成果上报。

(3)测井资料质量管理

主要内容有:对所测原始资料进行全面质量管理,测得的曲线必须合格,否则须重测;完井测井曲线必须进行质量复查和质量等级评定;重大质量问题必须向上级主管质量部门汇报;每月召开一次测井质量分析会,总结测井质量经验。

4)测井安全管理

主要是做好人身安全和设备安全,特别要注意使用和保管放射源的规定,做好处理工作防止事故发生。

2. 测井作业的劳动管理

测井工作由测井队负责,由队长、操作员、司机、绞车工、测井工组成,一般十余人;要建立健全测井岗位经济责任制,开展队、组的经济核算工作。

3. 测井作业技术经济指标

1)测井合格率

它是反映测井质量和录入资料情况的指标,其计算公式如下:

$$测井合格率(\%) = \frac{合格井次(层)}{全部测井井次(层)} \times 100\%$$

2)测井资料优良率

其计算公式如下:

$$测井资料优良率(\%) = \frac{测井资料优良井数(口)}{测井完成井数(口)} \times 100\%$$

3)电测(气测)解释符合率

它是反映测井解释准确程度的指标,其计算公式如下:

$$电测(气测)解释符合率(\%) = \frac{测井解释符合试油结果的层数}{试油完成层数} \times 100\%$$

(五)试油工程

试油工程是通过井下作业直接了解储油气地层含油、气、水情况,以及含油面积、油水边界、油藏驱动类型等,为油田开发提供地质资料。试油工作主要包括:压井、射孔、下油管、装井口、替喷、抽汲、打水泥塞、下配产器以及测试取得有关资料等内容。

1.试油工程管理的内容

1)试油设备管理

试油设备有作业机、柴油发电机组等。设备的使用要做到"定人、定机、定岗位",按操作规程操作,加强日常的修理和保养工作。试油工具主要有封隔器、配产器、气举阀等,这些都必须按规定加强保养与管理工作。

2)测试工程管理

通过中途测试、浮子测试以及利用各种专门的测试工具进行测试,掌握和获得井内压力、温度、油气样品、油气产量等试油资料,对油气层进行全面评价。

3)试油技术管理

根据石油地质设计,选择先进的试油工艺,采用合理的施工方案,认真收集现场试油资料,做好试油工作。

4)试油质量管理

建立质量管理小组,建立健全各项质量标准,推广先进的质量管理方法,不断提高试油工作的质量。

2.试油工程的劳动组织

试油工作长年在野外施工,设有队长、班长两层领导,全队定员为40～50人。在工作中要建立岗位经济责任制、交接班制、质量验收制度等,开展试油成本和经济核算工作,不断提高试油工作的经济效益。

3.试油工程技术经济指标

1)探井试油完成率

它是反映试油工作进度的指标,其计算公式如下:

$$探井试油完成率(\%) = \frac{完成试油的探井数(口)}{下套管的探井完成井数(口)} \times 100\%$$

2)试油合格率

它是反映工程质量和录入资料情况的指标,其计算公式如下:

$$试油合格率(\%) = \frac{合格层数}{全部试油完成层数} \times 100\%$$

3)探井试油成功率

它是反映钻探效果和试油质量的综合性指标。探井试油成功率分为预探井试油成功率和详探井试油成功率两个指标,其计算公式如下:

$$预探井试油成功率(\%) = \frac{预探井获得工业性油气流的井数(口)}{完成预探井试油井数(口)} \times 100\%$$

$$详探井试油成功率(\%) = \frac{详探井获得工业性油气流的井数(口)}{完成详探井试油井数(口)} \times 100\%$$

4）试油队平均月速度

它是反映试油工作效率的指标。其计算公式如下：

$$试油队平均月速度(层/队) = \frac{完成试油层数之和}{试油队数之和}$$

5）探井中途测试合格率

它是反映中途测试工作质量的指标，其计算公式如下：

$$中途测试合格率(\%) = \frac{中途测试合格次数}{已完成中途测试次数之和} \times 100\%$$

三、海上钻井平台管理

海上钻井平台管理是指海上钻井、辅助生产和生活管理。其主要内容如下：

（一）实行经理负责制

钻井平台管理要求严格，各项规章制度要健全。经理负责整个平台的各项生产和经营活动。在经理的集中统一领导下，实行钻井工程、材料供应、生产设备、生活服务等专业化管理。

（二）安全管理

安全管理主要指人身安全、设备安全和环境污染管理等。主要内容包括：及时预报天气、风浪和海上情况，保持通信畅通；加强防喷防火管理，保持船体平稳、定位，确保钻井质量。

（三）强调经济效益

海上作业难度大、费用高，应加强成本管理，选择成本低且安全的施工方案。

（四）保证工程质量

海上油气田开发速度快，油气井压力大、产量高，要求钻井工程要保证质量。

（五）提高时效和速度

海上作业时效和速度与经济效益关系密切。要求生产调度准确无误，减少非生产时间，有计划合理地安排作业程序，尽可能采用先进技术和设备，加快海上钻井速度和勘探开发的步伐。

第三节　油气生产管理

油气生产管理是指对石油、天然气资源开采全过程的综合管理,主要包括石油、天然气开采的技术管理,油井和注水井管理,油气集输管理和油气管道管理等。

一、油气开采技术管理

油气开采技术管理是指油气田投入开采后,要获取全面准确的第一手资料,搞清每口井的油气层位、厚度、油气性质、压力、温度等地质资料,掌握油田每年采出油气占地质储量的百分比、产量递减率、含水上升率、注水(气)压力、油气层压力、油气水分离质量、油气计量、含油污水处理等油气田开采生产数据。并及时开展油气田的油气藏开采动态分析,交流技术情报,加强新技术的引进、推广和管理工作,探索油田开采规律,提高油气田的最终采收率。

反映油气开采的技术经济指标主要有以下几种。

(一)油(水)井综合利用率

它是全面反映油(水)井利用程度的指标。其计算公式如下:

$$油(水)井综合利用率(\%) = \frac{各开井实际采油(注水)时间(时)之和}{各采油(注水)井日历时间(时)之和 - 计划关井日历时间(时)之和} \times 100\%$$

(二)油(水)井利用率

它是反映报告期油(水)井利用程度的指标,是指报告期实际开井数占全部油(水)井数的百分比,其计算公式如下:

$$油(水)井利用率(\%) = \frac{实际采油(注水)井开井数(口)}{全部油(水)井数(口)} \times 100\%$$

(三)采油(注水)时率

它是反映开井时间利用程度的指标,其计算公式如下:

$$采油(注水)时率(\%) = \frac{各开井的实际采油(注水)时间(时)之和}{各开井的日历时间(时)之和} \times 100\%$$

(四)外运原油含水率

它是反映外运原油质量的指标,如外运原油含水率高,则不仅浪费运输成本,而且影响加工设备的寿命,其计算公式如下:

$$外运原油含水率(\%) = \frac{水的质量}{原油的质量} \times 100\%$$

（五）净化气合格率

它是反映天然气经过脱硫后的质量指标。其计算公式如下：

$$净化气合格率(\%) = \frac{净化气总量 - 不合格净化气量}{净化气总量} \times 100\%$$

（六）原油商品率

它指原油商品量占原油产量的比重。原油商品量是原油产量减去采油生产、辅助生产用油量及损耗量的余额。其计算公式如下：

$$原油商品率(\%) = \frac{原油商品量}{原油产量} \times 100\%$$

$$原油高品量 = 原油产量 - 采油生产 - 辅助生产用油量 - 损耗量$$

（七）原油统配商品率

它是指原油统配商品量占原油产量的百分比。原油统配商品量是指可供国家按计划统一分配的原油商品量。其计算公式如下：

$$原油统配商品率(\%) = \frac{原油统配商品量}{原油产量} \times 100\%$$

（八）企业原油自用率

它是反映企业自用油程度的指标，即企业原油自用量占全部原油产量的百分比。其计算公式如下：

$$企业原油自用率(\%) = \frac{企业原油自用量}{原油产量} \times 100\%$$

（九）原油生产自用率

它是反映报告期原油生产自用量占全部原油产量的百分比的指标。其计算公式如下：

$$原油生产自用率(\%) = \frac{原油生产自用量}{原油产量} \times 100\%$$

（十）原油损耗率

它是指报告期企业原油损耗量占全部原油产量的比重。其计算公式如下：

$$原油损耗率(\%) = \frac{原油损耗量}{原油产量} \times 100\%$$

(十一)综合含水率

它是反映油田产液量中含水的比值,以及油井出水程度的指标。其计算公式如下:

$$综合含水率(\%) = \frac{产水量}{产液量} \times 100\%$$

(十二)综合油气比

它是指生产一吨原油所伴随产出的天然气量。其计算公式如下:

$$综合油气比(米^3/吨) = \frac{油田伴生气产量(米^3)}{原油产量(吨)}$$

除以上技术经济指标外,还有原油(天然气)生产用电单耗、抽油井泵效、注采比等指标。

二、油井和注水井管理

油井和注水井是油田生产开发的基本单位,其管理范围从地面到地下,从井筒到油层,从单井到井组,必须使油水井处于良好的生产状态,以保持油田原油稳产高产。

(一)油井管理内容

应根据油田的地质情况,确定最优开采方案,建立合理的工作制度,使油井处于合理的生产压差下进行生产,保护油层,防止污染堵塞,力争油田长期稳产高产,提高最终采收率。

定期研究油井出砂、结蜡、产水、脱气等危害影响正常生产的现象,检查和防止油管的腐蚀、弯曲、断裂情况,掌握低压抽油井的正常生产,延长免修期。

及时准确地收集油井的压力、温度、产量等资料,分析研究油井的生产动态,弄清楚采注关系,及时地提供单井/井组的管理措施,充分发挥油层的生产能力;搞好油井地面设备的维修保养,保证正常运转。

(二)注水井管理的主要内容

注水井管理的内容主要有:管理好注入水的质量,不能污染和堵塞油层,平稳操作;连续注水应及时准确地收集各种资料,掌握注水井的变化情况;搞好分层配注,研究油层吸水情况。

三、油气集输管理

油气集输管理是指将油井生产的油气水混合物,经过脱水脱硫、分离加工成为合格的石油、天然气全过程的综合管理。油气集输的基本流程是:每口油井生产出来的油气水混合物通过管线输送到计量站、中转站、脱水站等,经分离、计量,测得日产原油量、天然气量和水量。自原油中分离出来的天然气送往输气管网,分离出来的水送往污水站净化处理,净化的原油输入油库或总外输站计量外输。

(一)原油集输管理

原油集输管理主要包括以下内容:①油井和外输原油的计量工作,"油井计量"是指按每口油井计量日产油、气、水量,以利于油井的动态分析和日常管理;外输原油的计量要求有较高的精度等级,对计量的仪表要定期标定。②原油的质量检查和控制,商品原油质量指标有含水、含盐量等。这些指标经有关人员化验检测,按要求其质量必须达到标准,并须取样分析原油中轻组分含量,以控制原油稳定深度。③生产消耗测定和管理,是指测定和管理生产中所消耗的电力、热能和化学制剂等。定期测定机泵运行效率,加热设备热效率、加热管网的温度和热损失,制定合理的操作规程,不断降低生产费用。④密闭流程管理,减少油气损失。集输系统应在油气全部密闭条件下平稳运行,并应控制原油加热温度,做好污水含油的回收工作,防止原油跑冒滴漏,尽力减少原油的损耗。⑤管道、容器和设备的维护,应严格防止管道、容器内结蜡、结焦、结垢、保持管网的集输能力。⑥安全防火和环境保护,各有关人员必须严格执行操作规程和管理制度,认真做好防火防爆工作,配备消防器材。污油和含油的污水不能排放,污油应该回收,含油污水被净化后方可回注地层。

(二)天然气集输管理

天然气(油田气)集输管理主要包括以下内容:①天然气和轻烃的计量工作。从原油中分离出来的天然气,经过集气站或处理厂进行计量、处理后,送给用户。对处理厂回收的轻烃进行测量,以提高单位天然气中的轻烃收率。②天然气和轻烃的质量控制。天然气质量包括天然气的组分组成情况,天然气的含水量、含硫量、杂质含量等,在集输时要适当控制,防止产生水化物和凝液;轻烃质量包括组分组成、蒸气压等数据。③天然气集输和加工中的生产消耗。包括压缩机的动力消耗,工艺用蒸汽和燃料的消耗,冷却水和化学制剂的消耗,计算天然气集输和加工的综合生产消耗。应制定合理的操作制度,不断降低生产费用。④提高天然气的利用率。最大限度地回收天然气,尽量减少放空,提高天然气加工处理能力和综合利用程度。⑤加强集输管道和加工装置的维护检修。防止管道腐蚀及管道内形成冷凝液和冻堵,保持管网的集输能力。⑥做好安全防火和环境保护工作。

四、油气管道管理

油气管道管理是指为使油气管道长期安全、连续、平稳、高效、经济地输送油气所进行的管理工作。其主要包括管道运行管理、油库管理、输送计量、管道监控和管道维修等。

(一)管道运行管理

根据管道、泵站、加热站、油库的实际情况,有关人员应编制运行计划,实行统一调度指挥,保证管道在经济合理的条件下运行,按期完成输送任务。编制运行计划主要应考虑以下四个方面:①国家下达的油气输送计划。②管道输送油气量的最高和最低限度。③在国家油气产品分配计划允许的条件下,应尽力满足用户需要。④降低油气输送过程中的电力、燃料的消耗,节约生产费用。

管道运行的管理工作主要是靠调度系统进行的,根据管道生产的特点,管道运行工作必须实行集中统一指挥。调度层次的设置一般不宜过多,可设总调度,管理全线的运输工作;下属可设若干个区域调度(二级调度),负责区域内的调度工作;基层可设站、库调度,执行上级调度指令,搞好油气的输送工作。

(二)油库管理

油库管理的内容主要包括:①根据管道输送计划应做好作业调度和监督工作,衔接油田进油、炼油厂出油和水陆运输之间的协调配合。②原油加热、静置,使原油中所含水分离沉淀,回收放掉的污水中的原油。③严格执行安全操作规定和防火规定,做好防雷防电防火工作。④用好油罐的安全阀和呼吸阀,减少原油挥发损耗。⑤定期清除罐底杂质和更换蒸汽盘管。做好各项基础工作,提高油库管理水平。

(三)输送计量

输送计量是计算产量、产值和进行经济结算的依据,目前,主要采用体积重量法计算各种产品。具体要求是:①正确测定油品温度,以及原油含水率;②选择具有代表性的油样,测其密度,并将其换算成标准温度下的油品密度;③将经过流量计量和容器计量过的原油的容积变成标准温度下的体积,然后按照石油计量规程计算油品重量。

(四)管道监控

管道监控是实行管道最佳运行方案的关键,在全部实现自动化程序控制的输油(气)管道上,通过大型计算机的中央控制室,收集各泵站的运行参数,并进行检查、运算,发出指令,确保各站在最佳条件下运行。

(五)管道维修

管道维修是指对管道及附属设施进行日常维护、修理和临时性的抢修工作。其主要包括以下内容:①清管。清除管内积存的石蜡、机械杂质、积水及其他沉积物,以减少其对管道的腐蚀,防止管内径变小,保证管道具有较高的输送效率。②防腐蚀。油气管道内壁受油气中其他化学物质腐蚀,外壁受大气、土壤、细菌和杂散电流的腐蚀,一旦穿孔,就会造成油气漏失,污染环境,甚至引起火灾。因此,必须加强管道的防腐工作。③水土维护。防止暴雨、洪水造成管道上覆土流失,水下穿越管道裸露、断裂,因此必须进行日常维护。④管道抢修。对于管道破漏应积极组织抢修。必须建立专业队伍,配备车辆、设备、工具等,一旦发生事故,立即抢修。

第四节　油田井下作业管理

油田井下作业管理是指在油气田开发的过程中,对油气水井进行井下施工过程中的全面管理工作。井下作业及其管理,对于掌握油气田的地质情况及其变化规律,提高油气水井的利用率、油气田的生产能力和注水能力,增加油气产量,以及提高油气田的开发效果和最终采收率都具有重要意义。油田勘探开发初期,井下作业能为进一步勘探及油田开发建设提供科学依据。在油气田正常投产后,会发生蜡堵等事故,由自喷井转为抽油井时,必然要换泵或检修;以及油气井的重大增产措施和压裂酸化等都是通过井下作业实现的。因此,加强油气田井下作业的管理工作,对于油田的合理开发,提高经济效益有着重要意义。

一、井下作业的内容

在油气田勘探和开发的过程中,井下作业工作很多,施工内容也越来越复杂。目前,我国一些大的油气田井下作业项目多达几十余种。根据它们的性质和用途,可以分为以下三个方面:①对探井和新生产井的试油试气的主要包括油井射孔、诱导油流、油气田的测压求产等工作。②为维护油气田正常生产的各种修井作业包括抽油井下泵,抽油井的检泵和换泵作业,油气井的分层开采,注水井的分层配注,清蜡清沙,油气水井套管和固井水泥环的修理工艺技术及施工。③各种人工增产增注措施包括压裂、酸化、化学堵水、防沙治沙、对油气水井根据开发需要进行补孔等工艺技术施工;油气水井生产过程中吸水剖面和产液剖面调查测试的工艺技术与施工;油气田开发过程中资料井、检查井的试油工艺技术与施工。

二、井下作业施工的特点

井下作业施工的特点主要有以下六个方面:①由于长年在野外露天施工,特别是在边远地区施工,容易受到交通运输、水电、通信、气候等因素的影响,使作业施工中断或进展缓慢。因此,施工前要做好一切准备工作和采取必要的措施,保证作业顺利进行。②井下作业多是各种施工队伍多工种联合作业。压裂车等各种车辆几十台,压裂队、作业队、采油队及后勤人员,都必须在统一指挥下,相互协作,相互配合,连续完成施工作业。③由于每口井的地质情况、井身结构、井史资料等都不相同,都有特殊性,因此,井下作业必须严格按照设计施工,保证质量,尽力减少油层污染,保持和发展油水井的生产能力。在施工中由于地质情况复杂多变,经常发生原设计预想不到的新情况,故中途往往要对原设计进行修改,如施工中突然发生井喷,就得采取压井措施。④井下作业施工主要靠专用机器设备、工具、仪器和特种车辆来进行,如作业机、通井机、压裂车、水泥车等。这些设备、车辆的完好程度及设备利用率等对井下作业的效果具有重要作用,因此,必须保证设备的完好率。⑤目前的井下作业施工,笨重的体力劳动较多,如起下油管、摆放水泥等,劳动强度大,生活艰苦,卫生条件差,因此,要做好职工的劳动组织、后勤供应等工作,注意职工的文体生活,应劳逸结合,保证职工的身体健康。⑥在试油过程中,应注意高压油气层的防喷防火工作,注意防止机器设备事故、人身事故和井下落物等,做到生产安全、人身安全。

三、井下作业施工的管理

根据油田井下作业施工项目多、施工量大、多工种联合、野外作业等特点,要求井下作业施工做好以下管理工作。

(一)制定作业技术方案

应在开展油气田动态分析,并掌握其变化规律的基础上,确定施工井、施工层段作业项目和工艺技术措施,对作业施工的效果进行预测。

(二)作业工艺技术的攻关和现场试验

根据油田开发中所存在的问题,组织人员进行采油工艺技术的研究和攻关,研究试制新的井下作业工具和仪器,安排新工艺的现场试验,采用新的工艺方法,以形成配套生产能力,迅速推广到井下作业施工中。对科研攻关项目要进行效果分析,不断总结经验,使井下作业工艺技术日益现代化、科学化。

(三)作业施工的组织工作

井下作业施工的组织工作,一般采取石油管理局、井下作业公司、专业施工大队和施工作业小队分级管理形式。作业施工管理的内容包括施工的组织、施工队伍的配备、施工设备和专用工具的管理,施工专用料生产的厂、矿建设,以及作业队、准备队、测试队、压裂队、运输队等施工队伍的配备和管理工作。

(四)井下作业的管理制度

井下作业实行生产、技术和经济相结合,责、权、利相结合的管理制度以充分调动职工的生产积极性,使油田井下作业的经济效益不断提高。

四、井下作业技术经济指标

井下作业技术经济指标反映了井下作业的施工效果、施工质量和井下作业管理方面所达到的技术经济水平,井下作业技术经济指标主要有以下内容。

(一)一次施工合格率

它是反映井下作业施工质量的指标,表明一次施工合格的井次占施工总井次中的比重。其计算公式如下:

$$一次施工合格率(\%) = \frac{一次施工合格井次}{施工总井次} \times 100\%$$

(二)施工全优率

它是反映井下作业施工的质量指标,表明全优井次占施工总井次的比重。其计算公式如下:

$$施工全优率(\%) = \frac{全优井次}{施工总井次} \times 100\%$$

(三)作业有效率

它是指油气水井经过酸化、压裂、化学堵水等增产增注措施后,获得增产增注效果的有效井次占增产增注措施作业总井次的比重,是反映增产增注施工作业效果的指标。其计算公式如下:

$$作业有效率(\%) = \frac{增产增注措施有效井次}{增产增注措施总井次} \times 100\%$$

(四)资料全准率

它是指在作业施工中,按照地质方案要求所录入资料的质量指标,是各工序按照地质方案要求实际取全取准的资料数据占应取资料数据总数的百分比。其计算公式如下:

$$资料全准率(\%) = \frac{各工序取全取准资料实际数据}{各工序应取资料数据总数} \times 100\%$$

(五)作业队生产时率

它是反映作业队时间利用程度的指标,表明生产时间占总日历时间的比重。其计算公式如下:

$$作业队生产时率(\%) = \frac{报告期生产时间之和}{报告期日历时间之和} \times 100\%$$

(六)单井作业周期

它是表示作业队在一口井上作业施工的效率指标。可分为按单井表示的单井作业周期和完成井平均单井作业周期,以及按作业项目表示的平均单井作业周期三种。

按单井表示的单井作业周期,是指一口井从开始施工作业到所有作业项目全部完工的时间。单井作业周期越短,说明作业施工效率越高,油水井恢复生产越快。

完成井平均单井周期是反映完成作业的平均单井周期水平的施工效率指标,是指报告期各完成井单井作业周期之和与完成井数之比。其计算公式如下:

$$完成井平均单井周期 = \frac{\sum 各完成井单井作业周期}{完成井数(口)}$$

按作业项目表示的平均单井作业周期,有压裂平均单井作业周期,检泵平均单井作业周期等。

(七)作业队平均月速度

它是指一个作业队在一个月内完成的井次数,是综合反映作业队施工效率、时间利用情况的指标。其计算公式如下:

$$作业队平均月速度(井次/队) = \frac{完成井次数之和}{作业队数之和}$$

(八)队平均年速度

它是综合反映作业队在一年内工作效率的指标,是制订年度作业计划的依据。其计算公式如下:

$$队平均年速度 = \frac{本年完成井次数之和}{年平均队数}$$

(九)平均每井次日增产(注)量指标

平均每井次日增产(注)量指标是指经过压裂、酸化、注水等增产增注措施后平均每井次获得的平均日增产原油数量或注水量。其计算公式如下：

$$平均每井次日增产(注)量 = \frac{措施作业井增产(注)量之和}{措施作业井次}$$

为了比较不同增产增注措施的效果,有时可按措施作业项目计算平均每井次增产(注)量,如压裂、酸化、堵水等措施项目可分别计算平均每井次日增产原油数量或注水量。

(十)累积增产(注)量

它是指在增产增注措施后获得的当年累计增产的原油量或增加的注水量。累计增产(注)量可分为单井累积年增产(注)量和所有措施井累计年增产(注)量。单井累计年增产(注)量是该井施工后到年底止的增产(注)量,所有措施井累积年增产(注)量是所有措施井从作业后开井到年底为止的增产(注)量。

第五节　炼油生产管理

随着炼油工业的迅速发展,客观要求炼油生产管理不断加强,因此,加速炼油生产的现代化管理是十分重要的。炼油生产管理主要包括原油加工深度、炼油设备、炼厂环境保护等方面的管理。

一、原油加工深度管理

原油加工深度是反映油气田企业对原油利用程度和生产轻质油品能力的重要指标之一。影响原油加工深度的主要因素有:①社会上对石油产品的需要情况。②原油的性质。有的原油适于加工成汽油、煤油、轻柴油等轻质油品,有的原油除了能被加工成轻质油品外,还能用于生产润滑油、石蜡、沥青等。不同油田生产的原油,其性质往往是不同的,可根据原油的不同性质,决定其加工深度。③炼油工业的技术水平和科研成果。如果油气田企业的技术水平高,设备先进,广泛采用新的科研成果,就会提高原油加工深度;反之,原油加工深度就低。④加工过程的经济效益。原油深度加工可以有效地利用原油并能取得较好的经济效益。但当加工深度达到一定程度时,由于投资的增加、生产费用的增加,就会使那部分增加的轻质油品很不经济。因此,要选择合理的原油加工深度以期提高效率,降低成本,获得较好的经济效益。

炼油加工深度的经济指标是轻质油收率,其计算公式如下:

$$轻质油收率(\%) = \frac{轻质油品产量}{原料油数量} \times 100\%$$

其他产品如汽油、煤油、柴油等的收率计算,只需改变上式的分子即可。汽油、煤油、润滑油等,其收率将随着原油加工深度加深而增加,燃料收率和综合商品收率则随之减少。根据社会需要,应增加催化裂化、加氢裂化、焦化等多项加工装置,以不断提高原油加工深度。

二、炼油设备管理

炼油设备管理主要指炼油设备选购、安装、调试、使用、维修、更新改造以及报废等全过程的管理。

(一)设备管理的主要任务

炼油设备管理的主要任务包括以下八个方面:①制定合理的操作规程和维修规程,建立健全设备管理制度。②提出设备技术安全措施,防止事故的发生及对已发生的事故积极有效地组织调查、处理和抢修工作。③编制炼油装置的停工检修计划,并积极组织实施。④搞好设备的更新改造,积极开展对设备的防磨、防腐、防漏的研究工作,广泛采用新技术、新材料,不断提高设备效率和降低能源消耗。⑤做好设备拆迁以及报废鉴定、处理工作。⑥严格检查验收新建工程的竣工,做好新设备投产的准备工作。⑦积极组织职工技术培训、岗位练兵,提高职工的业务素质。⑧开展设备评优活动,进行评比、检查和验收工作,总结经验,不断提高设备管理水平。

(二)设备管理的基础工作

炼油设备管理的基础工作主要包括建立和健全技术档案和各项管理制度两方面。

技术档案是记录和汇总设备从出厂之日起有关资料的历史档案文件。其主要内容有:①设备出厂检验单和设备到厂的验收单,设备安装工程、隐蔽工程和设备移交生产的验收单。②设备设计和制造技术说明书,设备履历卡片。③设备结构和易损坏配件图纸,设备历次事故报告单。④设备运行记录。⑤设备检修、试验与技术鉴定记录等。

炼油设备管理制度主要内容有：①设备技术管理制度。包括划分和明确组织责任，对设备分类编号，填写统计报表等。②设备操作规程。其规定了操作的主要技术要求、设备操作程序、操作维护指标、设备事故处理以及如何采取紧急安全措施等。③岗位责任制。包括岗位专责制、交接班制、巡回检查制、设备维修保养制和经济责任制等。④检修制度。包括各种炼油设备检修周期、工期、项目、质量标准和验收标准等。⑤配件管理制度。包括定期核定配件的消耗定额和储备定额，对配件图纸和目录实行统一管理，简化配件种类，合理组织生产，节约配件消耗。

(三)炼油装置检修

炼油设备检修工作是以炼油的整个装置为单位进行的，检修要求优质、高效、安全、文明和节约。具体内容主要有：①制订炼油装置的年、季、月度检修计划，按期组织维修。②组织强有力的由技术、机动、安全、供应等部门组成的维修队伍。③在炼油装置停工前，要做好维修的准备工作，做到项目任务、设计图纸、器材、劳动力、施工机具、质量安全措施的落实。④炼油装置停工要求停稳、放空、扫净，为安全检修创造条件。⑤炼油装置要有严密的技术措施、施工统筹图、施工进度表等。⑥做好防火、防爆、防中毒、防触电、防高空坠落等安全教育，确保安全施工。⑦按照设备检修规程和质量要求标准由专人负责对设备质量检查、鉴定和验收工作。⑧写好检修总结和技术报告，把图纸、检修记录等资料归档。⑨在达到检修质量的前提下，要求开工一次成功。⑩对耗能高、效率低、不安全的炼油设备，要进行更新改造，采用新工艺，提高设备的加工能力。

三、炼厂环境保护

炼厂环境保护是指在炼油生产过程中，用科学的理论和方法控制污染源，治理污染物，预防环境质量的恶化，保护和改善炼油厂的自然环境，保持生态平衡和职工身体健康。

(一)炼厂污染的来源

炼厂污染物及其来源主要有：①水污染物质。主要有油、硫化物、氰化物、氨氮等。其来源是分馏塔顶凝缩水、油品和气体的洗涤水、电脱盐脱水、油罐脱水、机泵冷却水、设备和地面冲洗水及循环水排污等。②大气污染物质。主要有硫化物、氮氧化物、一氧化碳、不凝性烃类、粉尘等。其来源是工艺装置加热炉、锅炉、焚烧炉等燃烧的排烟气，催化裂化再生烟气，各种分馏塔的不凝性气体、挥发气体、副产品气体，还有催化剂、添加剂在生产中排放的气体及粉尘等。③废渣污染物质。主要有硫化物、酸、碱、酚类化合物等。其来源是污水处理过程中产生的"三废",油品精制过程中产生的酸渣、碱渣、白土渣,各种废催化剂,添加剂制造过程中产生的渣类。

(二)炼厂环境保护管理

炼厂环境保护管理的主要内容有:①根据国家环境保护法的要求,制定环境保护工作条例和有关规定,建立和推行环境管理的各项责任制,制定奖惩条例。②组织人员对污染源进行调查,查清污染区和污染物,编制环境保护计划。③制定搞好各生产车间在工艺、技术方面的环境管理,制定各生产装置排放污水、废气、废渣、噪声等分级控制标准,搞好对污染物的控制和管理。对各车间产生的污染源实行分级控制管理制度。各生产单位应严格控制污染物的排放,对生产过程中产生的污染源应严格控制,并应对其进行预处理和综合治理。④开展监测工作和环境科研工作。在厂区内设立监测点,组成监测网,监测污染物浓度变化及其影响,提出治理措施。针对环保工作出现的新课题,组织科研攻关。⑤根据炼厂生产实际和环境状况,规定本厂环境质量标准、工业污染的控制指标和噪声控制指标。炼厂环境保护的技术指标有:总污水处理率、总排水水质指标、污染物排放总量、瓦斯利用率、有毒有害气体和废渣的治理率、污水回收量等。

第六节　石油产品质量管理

产品质量是指产品的使用价值,即产品适合社会和人们需要所具备的特性。它包括产品结构、强度、成分、机械性能、物理和化学性能等内在的质量特性;还包括外观、造型、图案、色彩等外部质量特性。产品质量特性主要表现在产品的性能、寿命、可靠性、安全性和经济性等方面。其中,性能是基本的、主要的特性。产品质量如何,在一定程度上标志着一个企业、一个国家生产力发展的水平。所以,看一个国家工业是否发达,其技术、经济实力如何,一方面要看其产品产量,另一方面要看产品的品种和质量。因此,产品质量指标是企业重要的经济指标之一,产品质量管理也是企业管理的重要内容之一。

油气田企业产品质量指标主要有两类,一类是说明石油产品本身的质量指标,例如说明原油质量指标用外运原油含水率,说明天然气质量指标用净化气含硫量等;另一类是说明生产过程中的质量指标,例如油气田企业生产质量合格率、优质品率等。

一、石油产品全面质量管理的特点

全面质量管理是指油气田企业为了保证和提高石油产品质量,组织全体职工及有关部门参加,综合运用一套质量管理体系、管理技术、科学方法控制影响质量全过程的各因素,以最为经济的手段生产用户满意的石油产品的系统管理活动。

(一)石油产品全面质量管理的对象是全面的

石油产品的生产过程是一个非常复杂的过程。它从地调开始,对油气田构造进行调查,提供探井井位,然后由钻井单位打井,以确定是否有油,还要由采油单位进行油气采集,最后由集输单位把油气送到各需要点,这一生产过程还要有油建、运输、物资供应、维修等辅助单位的保证才能完成,所有这一切都贯穿着质量管理工作,所以说,石油产品全面质量管理的对象不仅具有全面性,而且十分复杂。

(二)石油产品全面质量管理的范围是全面的

石油产品全面质量管理的范围包括从设计、生产到销售的全过程。实现全过程的质量管理,具有下列三个特点:①把质量管理的重点由事后检验把关转到事先生产过程控制工序,从管理结果变为管理因素。②要求油气田企业各工序、各工作环节都要树立"为下一个工序服务"的整体观念,每道工序的生产(工作)质量,都要经得起下一个工序的检验,满足下一个工序的要求。③全过程管理,不仅要保证最终出产产品质量,还要保证使用质量,这就使质量管理范围从原来制造过程向前后扩展,其广度和深度都得到发展。

(三)石油产品全面质量管理要求参加质量管理的人员是全面的

石油产品质量管理是油气田企业各方面工作的综合反映,即企业素质的反映。它是企业职工、技术、管理、领导等素质的综合反映,归根结底,它涉及企业的各个部门和广大职工,它通过各种方法把企业的质量目标从厂部层层落实到各部门、各环节再到个人,使质量管理具有坚实的群众基础,是全员性的质量管理。

二、石油产品质量管理的内容及指标

石油产品质量管理指的是石油产品从试制、原材料采购、产品加工,再到销售等全过程的质量管理工作。

(一)石油产品质量管理的主要内容

新产品质量管理:凡是油气田企业的新产品必须经过课题审查、制订计划、试验计划、使用试验、扩大使用、鉴定投产和为用户服务等程序,以保证新产品的质量。

原材料质量管理:原油及其他主要原材料都要符合相关标准,按标准采购,做好验收入库工作,不合格的原材料不能凑合使用。

生产过程质量管理:生产过程要建立工艺卡片、操作规程、岗位质量责任制、中间产品质量控制,严格实行生产过程的质量管理制度。

产品实行"五不出厂"原则,即质量、品种、规格不符合标准不出厂,没有质量合格证或化验单不出厂,分析项目不全不出厂,未按规定留样不出厂,包装容器不合要求不出厂。出厂产品实行"三包",即包退、包赔、包换。质量检验实行专职检查和群众检查相结合。

实行质量报告制:企业按月、季、年向上级主管部门写出质量报告,定期召开会议,总结质量管理经验,表彰先进,提高质量管理水平。

(二)油气田企业产品的质量指标

1.馏出口合格率

这是指炼油生产装置所取油样化验合格率,是炼油生产过程的质量指标。其计算公式如下:

$$馏出口合格率(\%) = \frac{合格油样次数}{油样化验总次数} \times 100\%$$

2.油品调合一次调成率

其计算公式如下:

$$油品调合一次调成率(\%) = \frac{一次调合合格罐数}{调合油品总罐数} \times 100\%$$

3.优质品率

按品种数计算的优质品率,其计算公式如下:

$$优质品率(\%) = \frac{优质产品品种数}{出厂产品品种数} \times 100\%$$

按重量数计算的优质品率,其计算公式如下:

$$优质品率(\%) = \frac{优质产品总重量}{出厂产品总重量} \times 100\%$$

4.半成品合格率

主要是指汽油、柴油、润滑油、苯等半成品的合格率。

5.石油产品质量合格率

这是反映出厂石油产品的合格程度的指标,表明石油产品质量的高低。

此外,还有产品质量稳定提高率、原油外运含水率、净化气合格率等指标,这些指标在油气田企业的产品质量管理上也普遍适用。

第七节　油田科技管理

油田科技管理是指在油田范围内,对技术进步、新产品开发、工程技术活动的组织和管理工作的总称。科技管理的目的是按照科学技术发展的规律,有计划、有步骤地综合利用油田的技术力量和石油资源,把科研成果尽快地转化成生产力,以推动油田的开发和建设。

一、拟定油田的科学研究和技术发展的总体规划

总体规划是在油田较大范围内、较长时间内的科学技术事业发展的方向、目标、步骤和重大措施进行筹划的设计蓝图。油田的科技规划是以国家和相关部门科技规划为依据,结合油田的实际特点而编制的。科技规划具有科学性、目的性、系统性和预测性等特点。

二、科学研究管理工作

科学研究管理是指油田科学研究活动的计划、协调、组织和控制等方面的工作。

现代科学研究发展的特点:①科学、技术、生产相互依赖,相互促进。②现代科学技术体系具有专业分化和整体综合两种趋势,整体化趋势正在加强。③科学技术的发展是按指数增长,而不是按线性增长。④科技发展具有连续性、探索性、创造性的特点。⑤科学社会化、社会科学化和科学技术与经济、社会协调发展的趋势。

油田科学技术管理的主要内容:①设立油田科研机构,一般设置科学研究院、所、室等,并根据课题对象,按专业学科或跨学科成立产品或工艺课题组。②进行油田科研分类,科学研究一般分为基础研究、应用研究和开发研究。基础研究是对新理论、新原理的探讨,属于探索性的科学研究。应用研究是指把研究发现的新理论应用到特定目标的研究,它是基础研究的继续。开发研究是指把应用研究成果用于生产实践的研究。③课题管理,这是指按照油田科学研究的规律和课题特点,通过计划、组织、协调、控制等活动,合理安排人力物力和财力,以求圆满实现课题目标。科研课题是制订计划、编制预算、组织队伍、分配资源的基础和依据,是科学研究的重要内容。④科研条件管理,这是指有计划有目的地从人、财、物、信息等方面建立良好的科研条件,并顺利地实现科研任务和促进科研成果转化为生产力。科研条件是指进行科研所必须具有的能力,就油田来说主要包括科研管理组织机构建立健全的程度,科研人员的数量、质量等,为科研服务的技术设备的配件情况,科研经费的保证程度,情报资料机构设置与对信息的灵敏度等。⑤科技交流合作,主要针对油田科技信息和科技成果而言。科技交流合作是科技发展的重要手段,可以促进科学间的协调配合。科技交流合作的形式,有国际间的交流合作,有企业间的科技交流合作。⑥科技合同,这是指油气田企业间为完成某一油田科研项目,明确各自应承担的义务和权利所签订的具有法律性质的契约。科技合同的内容有科研合同、科技成果转让合同、试制合同、技术服务合同、供货合同等。

油田科技管理的内容还有科技情报、科技经济核算、对科技人员进行的管理和培训以及对科技成果进行鉴定、推广和奖励等方面的管理。

三、新技术开发、推广和技术转移、引进等管理工作

(一)新技术开发

新技术开发是指人们在油田科学技术的基础研究和应用研究之后,将科研成果用于生产过程。

1. 新技术的开发类型

油田新技术按开发内容分为资源开发、产品开发、工艺开发等;按开发类别分为国家安全类、发展生产类、生活福利类等。

2. 新技术的开发过程

油田新技术开发包括六个互相连接的阶段,即基础研究、应用研究、开发研究、工程技术、制造和推广。

3. 新技术开发的管理

油田新技术开发管理主要包括开发规划的制定、计划进度管理、质量管理、预算管理、设备管理、图纸管理、图书资料和情报管理等。

（二）新技术推广

这是指将经过科学鉴定,在技术上切实可行,在经济上合理的油田新技术成果推广应用的工作。在油田新技术推广活动中要做好如下工作:①不断提高操作者的技术水平,推广新技术以促进生产的发展。②在推广中不断完善新技术。③把新技术纳入有关技术标准和技术规程。④根据推广新技术的要求,组织好原材料、半成品的供应工作。⑤油气田企业管理工作要与新技术相适应,充分发挥科技的作用。⑥分析新技术的经济效果和科学价值,不断总结新技术的推广经验和教训。

（三）技术转移

这是指油田科学技术在国家、地区、行业内部之间以及技术自身系统内输入和输出的过程。包括科学成果、信息、能力的转让,新技术的移植、交流和普及推广等。

技术转移的内容包括:以知识形态表现的技术、技巧经验、学术理论、情报信息,和以实物的形式表现的机器设备、原材料等,在经济上又分为有偿转移和无偿转移。

技术转移的渠道包含油田科学技术由实验室转向生产,由军工转向民用,或由民用部门转向军工,科学技术由先进地区转向落后地区,科学技术从城市转向农村等。

（四）技术引进

这是指为发展本国油田科学技术,有计划有选择地从国外引进的油田科学技术成果。它是技术转移的一种形式。其主要内容有:引进先进技术、先进设备、先进管理知识和经验。这样做有利于学习和吸收国外先进的、对本国适用的科学技术。油田技术引进的途径主要有:产品贸易、包建项目、许可证贸易、灵活贸易、合作研究与生产、技术咨询和技术服务、人员交流和知识交流、学术活动和情报交流等。

四、技术改造、设备更新、技术革新的管理

（一）技术改造

这是指油田在现有的基础上,用先进的技术、工艺、设备代替落后的技术、工艺和设备,改变企业技术落后的面貌,从而达到提高产品产量和质量、降低消耗、节约能源,不断提高企业经济效益的目的。技术改造的内容从广义上讲,包括进行全厂

性的改造、改建和设备更新,从狭义上讲,包括设备更新改造、工艺改革、产品更新换代、厂房和生产性建筑物及公用工程的翻新、改造、零星固定资产的购置等。

(二)设备更新

这是指将在油田技术上或经济上不宜继续使用的设备进行更换,以新代旧或对旧设备进行局部改造。设备更新的目的在于促进油气田企业技术进步,发展生产,节约资金。在设备更新时,要进行经济论证和可行性研究,作出合理选择。设备更新的主要内容有:设备的现代化改装、设备更换等。

(三)技术革新

这是指油田技术方面的局部改革和创新。它是提高油气田企业生产技术水平,实行增产节约的重要手段。技术革新的内容主要有:产品革新、设备和工具革新、生产工艺和操作方法革新、节约能源、综合利用原材料或代用材料及环境保护等。技术革新的管理机构一般是由总工程师领导,技术科和生产科具体组织管理。

第三章 油气田企业经济效益分析与评价

第一节 经济效益分析与评价的基本原则

企业并不是孤立存在的,它总是同周围的环境发生一系列的能量与信息的交换。在企业内部所发生的经济活动必然通过直接或间接的方式作用于企业外部环境。企业要想生存下去,并不断地发展壮大,必须同周围的环境保持和谐的关系,妥善处理好与国家、政府部门、用户或消费者及其他企事业单位之间的关系。同样,在评价油气田企业经济效益的高低与优劣时,必须把油气田企业的经济效益放在社会大环境下加以全面综合地考虑。从油气田企业的目的、任务及性质来看,评价企业经济效益应贯彻以下基本原则。

一、正确处理宏观经济效益与微观经济效益的关系

宏观经济效益是指从国民经济的全局和整体上考察的经济效益;微观经济效益通常是指从企业角度来考察的经济效益,即企业经济效益。微观经济效益是宏观经济效益的基础,没有微观经济效益的提高,也就难以实现宏观经济效益的提高。但是并不能把宏观经济效益理解为微观经济效益的简单相加。因为宏观经济效益的范围比微观经济效益要广泛得多、复杂得多,宏观经济效益在量上不仅包括各企业的经济效益,而且还应包括各企业经济效益实现后一系列互相衔接、互相制约、互相促进的经济活动所产生的组合效益。

宏观经济效益是实现微观经济效益的前提,没有好的宏观经济效益,微观经济效益的提高也难以持久。在社会主义条件下,一般地说,微观经济效益与宏观经济效益是统一的,但它们有时也存在相矛盾和相冲突的地方。因此,油气田企业要具有全局观念,在努力提高本单位经济效益的同时,还要关心全社会的经济效益,使本单位的经济效益服从全社会的经济效益。同时,国家及各级部门要为油气田企业努力提高微观经济效益创造良好的外部条件,同时要注意防范企业片面追求经济效益的行为,及时纠正企业不顾社会效益而一味追求自身经济效

益的活动,竭力维护宏观经济效益与微观经济效益的统一,在宏观经济效益最优化的前提下努力实现微观经济效益的最大化。

二、正确处理长远经济效益与当前经济效益的关系

在社会主义条件下,作为微观经济效益的油气田企业来说,既要重视当前的经济效益,也要重视长远的经济效益,绝不能只顾眼前,不顾长远。在重视长远经济效益中要注意一个十分重要的问题,就是对资源的合理利用和环境保护。因为在一定的科学技术条件下,社会能够开发利用的石油、天然气资源是有限的。人类、资源、环境是一个整体,破坏了资源和环境,也就破坏了人类生产和生活的基本条件,企业经济效益的提高也就失去了坚实的基础。因此,在油气田企业的地质勘探和开发中,绝不能急功近利、竭泽而渔,不要只图眼前的利益,而应当强调合理开发石油、天然气资源,搞好环境保护,保护生态平衡。

在油气田企业的生产和建设中,还应当处理好短期的生产经营目标和中长期生产经营目标的关系。因为,社会再生产活动在时间上的继起性,总是体现为短期和中长期的统一。如果一味追求当前经济效益,不惜"寅吃卯粮",不保持必要的后备储量,不及时维修设备,不建设必要的基础设施,不合理开发人力资源等,其结果必然损害今后的长远经济效益。

当前经济效益与长远经济效益存在着既对立又统一的关系。只要我们在企业生产经营活动中树立长远的发展战略及可持续发展的意识,就可以把二者有机地、恰当地结合起来,做到既注意当前的经济效益,更讲求长远的经济效益。

三、正确处理经济效益与生态效益、社会效益的关系

油气田企业在讲求经济效益的同时,还必须讲求生态效益和社会效益。

在油气田企业的生产经营活动中,不仅要靠消耗最小的劳动量去取得较好的经济效益,而且同时还要创造一个最适合于人类生存和发展的生态环境以取得一定的生态效益。生态效益不仅关系到人类生存和发展需要,而且关系到人类子孙后代的生存和发展,并为社会经济的发展提供自然物质基础。经济效益与生态效益二者相互依赖、相互制约。为了满足油气田企业甚至是整个国民经济可持续发展的需要,必须正确看待和处理两者之间的关系。一般来说,生态效益是经济效益形成的自然基础,经济效益是生态效益改善的外部条件。因此,油气田企业在追求经济效益时,必须具有生态学的观点,做到生态效益与经济效益相协调和同步发展。

经济效益和社会效益也是对立统一的矛盾关系。一般来说,经济效益的提

高意味着生产更多符合社会需要的物质财富,取得更多的盈利,更好地满足人民群众的需要。从这个意义上来说,经济效益已转化为社会效益,二者是统一的。但是油气田企业也应当认识到,经济效益与社会效益并不总是同向发展。在这种情况下,企业应当自觉地做到经济效益服从社会效益,将经济效益与社会效益恰当地结合起来。

第二节 经济效益分析与评价的标准

一、产品或服务与社会需要的比较

在我国社会主义市场经济条件下,评价经济效益应注意价值与使用价值的统一。就油气田企业的产出对社会需要来看,经济效益主要是指产品的使用价值。社会物质财富也体现在使用价值量上。

产品或服务与社会需要的比较,包括产品的质量、花色、品种等。如果产品或服务不是社会所需要的,那么生产或提供得越多,浪费就越大。产品或服务只有符合社会的需要,才具有实际的使用价值。在市场经济条件下才能够实现顺利销售,服务能够使顾客满意。

由此可见,产品或服务符合社会需要是提高经济效益的关键,是油气田企业经济效益的质的规定。在企业经济效益的评价标准方面,首要的、根本的标准就是看油气田企业生产的产品或提供的服务是否符合社会需要,只有在此前提之下才能评价产品或服务与劳动消耗、劳动占用及资源利用、环境保护的比较。

二、产品或服务与劳动消耗的比较

劳动消耗是生产某种产品或提供某项服务所实际消耗的劳动量,包括活劳动消耗和物化劳动消耗。活劳动消耗是指油气田企业在劳动者的工资、福利待遇等方面的支出,以满足劳动者维持、恢复、发展、延续劳动力的需要。物化劳动消耗是按已消耗的生产资料所凝结的社会平均劳动量计算的。从投入的角度看,劳动消耗是指产品或服务所消耗的原材料、燃料、动力及固定资产的折旧费。评价油气田企业经济效益时,在完成了产品或服务与社会需要的比较后,就应该进行产品或服务与劳动消耗的比较,要求单位劳动消耗能够提供的产品或服务最佳,或者是单位产品或服务所耗费的活劳动和物化劳动消耗为最小。

节约活劳动消耗和物化劳动消耗是油气田企业共同的要求。油气田企业应当加强内部管理,强化企业的物资管理、综合设备管理、成本管理、劳动人事管理等,进行技术改造及技术引进等有益于减少消耗、增加产出的工作,力求在生产产品或提供服务中劳动消耗最小。

三、产品或服务与资源利用的比较

对于从事非再生矿资源勘探和开发的油气田企业来说,这一比较显得尤为重要。众所周知,油气石油储量有限,不能无限地开采,随着开采时间的延长,油气田企业所掌握的油气储量日渐减少以致枯竭,即油气田企业存在产量自然递减的特殊规律。因此,无论对国民经济来说,还是对单个的油气田企业来说,能否合理开发利用有限的自然资源,关系到国民经济和企业发展的长远利益。

根据资源的特点,合理利用资源,不仅要考虑技术上的可行性,还要考虑经济上的合理性。

在进行经济效益与资源利用的比较时,油气田企业应当充分考虑到油气的后备储量问题,做到边开发边勘探,不断增加油气后备储量。同时,在油气的加工炼制过程中,充分利用油气资源及其他伴生矿,开展资源的综合利用,不断提高资源利用的经济效益。

四、产品或服务与环境保护的比较

目前我国面临着人口、资源与环境的巨大压力,环境状况有日益恶化的趋势。尤其是从事石油勘探开发的油气田企业,在勘探开发过程中稍有不慎,就会造成对周围生态环境的破坏,影响周围的居民生活及生命健康。因此,企业有义务保护油田周围的生态环境,使生态环境遭受破坏的程度和可能性减至最小。产品或服务与环境保护的比较,就是比较企业所支付的环境保护费用在企业总产值、净产值或生产费用中所占的比例,借以说明企业在环境保护方面所付出的代价。

五、价值形态的综合比较

上述四个方面的比较,各有其特殊的意义。它们既不能互相取代,也不是各自独立的。只有全面地提高劳动消耗、资源利用以及环境保护的经济效益,才能生产出更多更好的产品,提供更优质的服务。在社会主义条件下,评价油气田企业经济效益应当把符合社会需要的使用价值的生产放在首位,而决不应当不顾社会需要而片面地追求产值和盈利。

由于不同生产要素以及产品或服务在实物形态上无法进行比较,因此必须借助价值形式进行综合计算和比较。比如,产品或服务量可以采用总产值、净产值、纯收入、利润等价值指标来衡量;劳动消耗量可以采用成本指标来衡量;资源利用可以用资源税来间接地衡量;环境保护可以用生态环境补偿费、环境税、排污收费等指标来衡量。但是,由于价值形态综合指标所包含的内容复杂,且受很多因素影响,在进行综合比较时易于掩盖落后环节,所以当我们进行综合比较时,还必须同时采用实物形态的个体指标。

第三节　经济效益分析与评价的指标体系

一、建立指标体系的原则

油气田企业经济效益问题是一个非常广泛复杂的问题,影响因素众多,有自然因素,也有政策体制、管理制度等方面的因素。要全面而客观地评价油气田企业的经济效益,必须设立若干个相互联系、相互制约的指标或指标组,构成一个评价指标体系。设置油气田企业经济效益分析与评价指标,是为了使经济效益得以科学地、准确地量化。在实行社会主义市场经济体制、建立现代油气田企业制度过程中,科学设置和不断完善分析与评价企业经济效益的指标体系,对于促进油气田企业转换经营机制,建立现代企业制度,努力提高经济效益具有重要的现实意义。具体地说,指标体系的设置应遵循以下三个原则。

(一)系统性原则

油气田企业由于受资源地理分布的制约,大部分分布在自然环境较为恶劣的地方,没有大城市作为依托;随着改革的深入,油气田企业的经营自主权在逐步扩大,企业利用自身的装备、技术和队伍的优势,立足油田和社会两个市场,积极开展国际合作和多种经营,形成了"一业为主,多业并举"的经营格局。油气田企业的综合经济效益是其在进行资源勘探、开发、生产、经营及其他相关经济活动中,劳动耗费和劳动占用与已实现的有效成果间的对比,指标体系中既要有反映油气田企业全部投入要素的经济效益的综合性指标,又要有反映分阶段、分部分的效益指标,使其形成一个有机整体,能够全面反映企业经济活动的主要内容。

（二）效益性原则

在我国,长期以来工业主管部门均是以工业生产总值等数量型指标对企业进行分析的,这在一定时期内鼓励了企业扩大生产规模,刺激了经济的增长;同时也在一定程度上形成并助长了企业单纯追求外延型扩大再生产,忽视经济效益的倾向。改革开放的今天,要求企业挖掘内部的生产潜力,不断提高经济效益。这对油气田企业提高经济效益提出了新的更高的要求。油气田企业经济效益指标体系的设立必须考虑上述要求,以效益型指标为主,同时兼顾油气田企业的特点,设置一些必要的实物量或价值量指标。

（三）科学、实用原则

指标体系的设置要科学、实用,尽可能简单。所谓科学性,指的是指标的设置要符合技术经济和统计学的规范;实用性,则指的是指标的设置要切实可行,易于取得资料,尤其是要尽量与统计、财务核算指标相一致,或者可以通过对统计资料的分析来获得,同时还要方便计算机进行指标的计算与分析。

二、油气田企业经济效益分析与评价指标体系

（一）原油配置商品量完成率

原油配置商品量完成率是指报告期原油配置商品量实际完成与计划完成之比,它反映计划完成的程度。原油配置商品量是指由国家安排的商品量,包括供企业加工和其他用途的原油商品量,即原油产量扣除企业自用量、期初与期末库存差后的余额。其计算公式为:

$$原油配置商品量完成率(\%) = \frac{实际完成原油配置商品量}{计划完成原油配置商品量} \times 100\%$$

（二）单位勘探投资新增油气探明可采经济储量

该项指标是反映勘探阶段投入产出关系的投资效果指标。其计算公式为:

$$单位勘探投资新增油气探明可采经济储量 = \frac{新增油气探明可采经济储量(万吨)}{油气勘探投资(万元)}$$

（三）单位开采投资新增油气生产能力

该项指标是反映开发建设阶段的投入产出关系的开发效益指标。其计算公式为:

$$单位开采投资新增油气生产能力 = \frac{新增油气生产能力(万吨)}{开采投资(万元)}$$

(四)全要素增加值率

全要素增加值率是指报告期企业增加值与全要素投入之比,其计算公式为:

$$全要素增加值率(\%) = \frac{企业增加值(万元)}{全要素投入(万元)} \times 100\%$$

其中全要素投入为勘探开发建设投资与工业成本费用之和。

(五)工业产品销售利税率

工业产品销售利税率反映的是一定时期内企业产品的销售效益,其计算公式为:

$$工业产品销售利税率(\%) = \frac{工业产品销售利税}{工业产品销售收入} \times 100\%$$

工业产品销售利税是指企业产品销售中获得的利润与税金之和。这里的利润是企业产品销售利润,而不是企业的利润总和。工业产品销售收入则是指报告期内企业销售成品、半成品和完成工业性作业实际得到的货币收入。

(六)社会贡献率

社会贡献率是衡量企业运用全部资产为国家或社会创造或支付价值的能力。其计算公式为:

$$社会贡献率(\%) = \frac{企业社会贡献总额}{平均资产总额} \times 100\%$$

企业社会贡献总额,即企业为国家或社会创造或支付价值的总额,包括工资(含奖金、津贴等工资性收入)、劳保退休统筹及其他社会福利支出、利息支出净额、应交增值税、应交产品销售税金及附加、应交所得税、其他税收、净利润等。

(七)社会积累率

社会积累率是衡量企业社会贡献总额中用于上交国家财政的数额。其计算公式为:

$$社会积累率(\%) = \frac{上交国家财政总额}{企业社会贡献总额} \times 100\%$$

上交国家财政总额包括应交增值税、应交产品销售税金及附加、应交所得税、其他税收等。

(八)工业成本费用利润率

工业成本费用利润率是指报告期实现利润与工业成本费用之比,它反映工业生产成本费用的投入效益,同时也反映企业降低成本费用的情况。工业成本费用总额是指工业企业产品销售成本、产品销售费用、管理费用和财务费用之

和。其计算公式为:

$$工业成本费用利润率(\%) = \frac{报告期实现利润总额(万元)}{报告期工业成本费用总额(万元)} \times 100\%$$

(九)利税总额增长率

利税总额增长率反映的是油气田企业或油气工业实现利税的年增长情况。其计算公式为:

$$利税总额增长率(\%) = \frac{当年利税总额 - 上年利税总额}{上年利税总额} \times 100\%$$

利税总额是企业实现的利润与税金之和,对油气田企业来说还应加上油气勘探开发基金,其计算公式为:

$$利税总额 = 利润 + 税金 + 油气勘探开发基金$$

(十)流动资产周转次数

流动资产周转次数是指一定时期内流动资产完成的周转次数,它反映流动资产在生产过程中的周转速度。其计算公式为:

$$流转资产周转次数 = \frac{周转额}{流动资产平均占用额}$$

(十一)工业全员劳动生产率

工业全员劳动生产率是指报告期工业平均每个职工创造的工业增加值,它反映了活劳动投入的经济效益。其计算公式为:

$$工业全员劳动生产率 = \frac{工业增加值(净产值)}{工业职工平均人数}$$

(十二)资本收益率

资本收益率是指企业运用投资者投入资本获得收益的能力。其计算公式为:

$$资本收益率(\%) = \frac{净利润}{实收资本} \times 100\%$$

(十三)资本保值增值率

资本保值增值率主要反映投资者投入企业的资本的完整性和保全性。其计算公式为:

$$资本保值增值率(\%) = \frac{期末所有者权益总额}{期初所有者权益总额} \times 100\%$$

资本保值增值率等于100%时,为资本保值;资本保值增值率大于100%,为资本增值。

（十四）资产负债率

资产负债率主要用于衡量企业负债水平高低的情况。其计算公式为：

$$资本负债率(\%) = \frac{负债总额}{资产总额} \times 100\%$$

以上14项指标构成了油气田企业经济效益分析与评价指标体系。指标体系可以分为四类指标，即从四个方面反映了油气田企业的经济效益。一是反映油气田企业综合经济效益的指标，这类指标包括全要素增加值率、利税总额增长率、流动资产周转次数、工业全员劳动生产率；二是反映油田勘探开发效益及计划完成情况的指标，包括原油配置商品量完成率、单位勘探投资新增油气探明可采经济储量和单位开采投资新增油气生产能力；三是反映油气田企业生产经济活动效益的指标，包括工业产品销售利税率和工业成本费用利润率；四是反映油气田企业国有资本获利能力的指标，包括社会贡献率、社会积累率、资本收益率、资本保值增值率和资产负债率。这四个方面的14项指标综合评价的结果可以对油气田企业经济效益作出全面的反映。

第四节　经济效益分析与评价的方法

经济效益分析的方法，是指在收集、整理和分析各种资料时，依据不同的目的和要求而采取的一定的方法。由于企业经济活动所涉及的面很广，各个环节、过程及指标既具有个性，又相互制约和相互影响。所以在对经济效益的某一具体对象进行分析时，必须选用合适的、具体的定性和定量的分析方法，才能取得预期的效果。

经济效益评价的方法很多，其中有些方法可以对单项经济效益指标进行评价；有的可以对综合经济效益进行评价；也有一些方法，既可以对单项经济效益指标进行评价，也可以进行综合评价。

在油气田企业经济效益分析与评价中，经常使用的方法主要有以下三种。

一、对比分析法

对比分析法也称比较法，就是利用相互联系的经济效益指标，进行比较的方法。它是一种应用相当广泛的分析方法。经济效益的数量大小必须通过比较才能鉴别,而这个数量是含有一定经济内容的数量,所以对比分析法,也可以说是通过经济指标的对比来分析经济效益数量关系的方法。其基本的原则是各项指标之间具有可比性。经济效益指标的可比性,既存在于定性的同目标方案中,也存在于可比的定量分析中。从选择经济效益方案的角度来说,定性分析主要是从原则上反映不同方案的梗概和前景,而定量分析则是具体、深刻、准确地揭示它们之间的差别程度。定量对比分析的可比性原则,主要表现在:①对比的指标必须在含义、口径、范围、计算方法上都取得一致;②对比的指标要联系起来才能进行分析;③正确选择可比基准;④对比的指标必须具有经济意义。

根据经济效益分析的目的不同,对相互有关联的经济指标,可进行各种不同形式的对比。其主要有以下五种。

(一)实际指标与计划指标对比

通过这种对比,可以发现实际与计划之间的差异,用以检查某项经济效益指标计划完成情况,并且可以为进一步分析提供方向,也可以检查计划编制的客观性和适用性。一般地说,计划的编制应具有一定的先进性,需要经过一定的努力才能实现。如果实际与计划的差异很大,就应对计划的编制是否符合客观实际,重新加以考虑,并提出调整的建议或措施。实际指标与计划指标的对比一般可计算三个方面的数据,即计划完成百分比、实际指标较计划指标的增减额、实际指标较计划指标的增减百分比。

(二)报告期实际指标与基期实际指标对比

用同类指标在不同时间状态下进行对比,可以分析经济效益指标的发展变化趋势,从动态上分析油气田企业经济效益。这种对比一般可计算以下三种数据:

$$发展速度 = \frac{报告期实际指标数}{基期实际指标数} \times 100\%$$

$$增减额 = 报告期实际指标数 - 基期实际指标数$$

$$增减程度 = 报告期实际指标为基期实际指标的百分比 - 100\%$$

(三)同一指标在不同油气田企业之间的对比

其计算公式为:

$$比较相对数 = \frac{某条件下的某项指标数值}{另一条件下的同类指标数值}$$

通过这种比较,可以找出本油气田企业与国内外具有先进水平的油气田企业的差距,用以明确努力的方向,进一步提高企业的经济效益。

(四)一般水平数与先进平均数的对比

先进平均数是指把先进于一般水平的各个总体单位的标志值加以平均所得到的平均数,它是制定定额的基础。将先进平均数与一般水平比较,可以明显地反映某方面经济效益指标的差异。

(五)两个不同指标数值高低点对比

研究经济效益、评价效益方案,往往遇到相互联系的两个指标均有高低两个数值,用一个指标的高低数值不能全面说明效益水平,必须同时用两个指标高低数值之差进行比较。其比较的结果是一种相对数,其计算公式为:

$$相对数 = \frac{甲指标的高数值 - 甲指标的低数值}{乙指标的高数值 - 乙指标的低数值}$$

这种方法,可用于成本平衡产销、基本建设投资与费用的比较、费用节约的比较、单位成本变动情况的分析等方面。它是选择最佳经济效益方案不可缺少的一种方法。

二、相关分析法

经济指标之间的关系具有两种类型。一种为函数关系,就是指一个变量的变动相应地引起另一变量的变动;另一种为相关关系,就是一个指标的数量确定以后,另一指标没有确定的对应值,而是在一定范围内变化。指标之间的数量依存关系是不固定的。

相关分析法就是用数学方法对具有相关关系的指标进行分析研究,找出有关经济指标之间的本质的必然的规律性联系,其目的就是研究经济效益指标之间的密切程度和变化规律性,其主要内容包含以下四点。

第一,确定经济效益指标之间有无相关关系,并确定相关关系的表现形式,这是相关分析的出发点。相关关系的表现形式指的是指标间以线性还是非线性形式相关。例如,研究油气田企业的劳动生产率和产值利润率之间的关系,首先要从性质上认识它们之间是否有关系,其次确定是函数关系还是相关关系。

第二,分析经济效益之间的密切程度。例如,劳动生产率同产值利润率之间存在非确定性的相关关系,因为产值利润率增长除受劳动生产率提高的影响以外,还受产量多少、成本多少的影响。但是二者之间的关系密切程度多大,需要通过相关数量关系计算才能知道。相关分析中通常用相关系数 $r(-1 \leqslant r \leqslant 1)$ 来表示相关密切程度。当 r 的绝对值接近于1,说明相关密切程度大;当 r 的绝对值接近于0,说明不相关。

第三,测定估计值同实际值之间的差异,以反映估计值的可靠程度。根据经验公式可以得出被研究指标的估计值。将这个估计值与实际值进行比较,如差异小,则表示这个经验公式能较好地反映指标间的相关关系;如差异大,则说明这个经验公式不能客观地反映指标间的相关关系。如果差异大,就应考虑对其进行修正,直到找出能使估计值与实际值差异较小的经验公式为止。

第四,预测未来的经济效益。根据相关方法计算出来的资料,就可以预测将来所取得的经济效益指标数值。

三、价值分析法

价值分析法,是分析油气田企业经济效益简便易行的定量分析方法,其基本特点是:把技术和经济、功能和成本、企业利益和用户要求结合起来进行定量分析,以提高实用价值为目的,以分析产品的必要功能为核心,以降低成本为途径。它主要研究如何以最低的寿命周期费用去可靠地实现产品最合适的功能,是着眼于功能分析的有组织的活动。价值分析法是一个发现问题、分析问题、解决问题的过程,也是一个降低成本、改善功能的决策过程。其实施一般分为:分析问题、综合研究和方案评价三个基本程序和12个具体步骤。具体步骤分别为:①选择对象。②收集情报。③定义功能与整理。④评价功能。⑤方案创造。⑥初步评价。⑦方案具体化。⑧试验研究。⑨详细评价。⑩提案审批。⑪方案实施。⑫成果评价。

价值分析法完成后,要对方案的实施效果进行评价和总结,其主要表现为经济评价。主要评价指标及计算公式有以下两种:

全年净节约额 = (改进前单位成本 − 改进后单位成本) × 年产量 − 价值分析活动经费

$$成本降低率 = \frac{改进前单位成本 − 改进后单位成本}{改进前单位成本} × 100\%$$

第四章 油气田企业管理创新能力影响因素与提升途径

第一节 管理创新能力影响因素

一、企业制度

企业制度是指油气田企业在生产经营过程中所形成的各种经济关系的总和,企业制度包括油气田企业从成立到不断发展壮大的过程中形成和建立的一系列的规范、规章以及条例准则。企业制度涉及油气田企业产权的归属问题,直接影响到企业利益的分配,与企业生产经营息息相关,是处理企业投资者、企业经营者与企业员工三者之间关系的重要依据,是企业管理创新活动得以有序推进的保障,是影响企业管理创新能力的重要因素之一。

(一)油气田企业产权制度

油气田企业产权即对油气田企业实物资产、股权资产和债权资产的占有权利、支配权利、收益权利在不同投资主体的分配情况进行了规定,其目的在于界定油气田企业产权主体。油气田企业产权主体即油气田企业的所有者,对于油气田企业未来的发展前景是最为重视的,自觉推进油气田企业管理创新能力提升的意愿也最为强烈。规范合理的产权制度明确了油气田企业投资主体的财产权益和义务,可以有效制约各利益相关主体,有助于推动油气田企业管理创新。相反,缺乏规范合理的产权制度,油气田企业投资主体对于各自享有的财产权益和承担的财产义务不明确,对于油气田企业投资主体缺乏有效的制约,导致油气田企业管理创新能力无法提升。

(二)油气田企业激励制度

油气田企业管理创新能力提升需要员工保持积极的工作态度,充满活力的环境氛围、科学公平的激励制度对于企业管理创新活动的推进有着举足轻重的作用。油气田企业激励的对象,不仅要包括通过科学合理的激励政策激发企业中层以上管理人员参与管理创新活动的积极性,而且要采取合理的激励手段调动普通员工参与管理创新活动的积极性,使中层以上管理人员成为管理创新的主要推动者,使普通员工成为管理创新的参与者。因此,油气田企业的激励政策还要具有广泛的覆盖性。科学合理的激励制度可以有效提高并保持管理创新活动参与者的主动性和创造性,使其为提升油气田企业管理创新能力不懈努力。不科学、不合理的激励制度将会导致油气田企业管理创新活动参与者对于企业的创新活动态度淡漠,产生抵触情绪,甚至由于不愿承担管理创新的风险产生离职或者跳槽的想法,导致油气田企业管理创新人才流失。

(三)油气田企业基础管理制度

在当今时代,油气田企业基础管理制度也逐渐在从"硬性强制"转向"软化约束"。油气田企业决策者也更加清醒地意识到,油气田企业生存和发展需要具备系统性、专业性、规范性的基础管理制度作为保证,它是管理创新活动参与者日常工作得以正常开展、同时维护管理创新参与者利益的基本保障。系统性、专业性、规范性的基础管理制度的建立和完善有利于油气田企业管理创新活动平稳、流畅、高效地运作,是实现油气田企业管理创新目标的强有力保证。

二、企业文化

企业文化是油气田企业长期生产经营所奉行的价值观念和行为规范,对于油气田企业管理创新目标的实现具有的支撑和保障作用。油气田企业管理创新能力的提升单独依赖管理制度的硬约束是无法全面实现的,还需要企业文化软实力的支持。企业文化也是制定油气田企业管理创新计划的重要影响因素。企业文化涉及企业的各个方面,具有很强的渗透性、很广的影响范围、很长的作用时效等特点。企业文化对油气田企业战略产生着潜移默化的影响,影响着油气田企业管理创新的经营理念、经营模式以及经营行为,影响着油气田企业的经营业绩以及油气田企业在投资者、消费者等群体之间的形象,影响着油气田企业内部的劳动关系和员工与员工间的关系,影响着油气田企业员工的工作态度、满意度和忠诚度。企业文化关系着油气田企业能否可持续发展,对于油气田企业管理创新能力提升具有重要的意义。

(一)有助于形成油气田企业管理创新的内在凝聚力

不论油气田企业处于逆境当中还是处于良好运行状态,企业文化对其存在和发展都有着深远的影响。对于处于逆境中的企业,企业文化能够发挥其凝聚效用,使企业虽然处于逆境却能够聚拢人心,凝聚起广大员工艰苦奋斗的精神,使其齐心聚力,与企业共渡难关。对于处于良好运行状况的油气田企业,企业文化能够发挥导向作用和约束作用,使企业以及员工能够秉持戒骄戒躁的工作态度,坚持谦虚谨慎的发展理念,使企业的业绩保持蒸蒸日上,实现持续发展。企业文化所形成的良好氛围以及观念导向,能够调动企业员工参与管理创新的热情,能够激发企业员工在管理创新活动中的潜在智慧,为油气田企业管理创新能力提升提供不竭的内在动力。

(二)有助于推动提高油气田企业核心竞争力

企业文化一般具有内容简洁、观念明确的口号,这种文化口号体现着能够被广大员工普遍认同的价值观,在这种价值观指引下,广大员工在油气田企业管理创新活动中会产生强烈的使命感和责任感,对油气田企业创新发展理念和创新发展战略将产生高度共鸣。此时,企业文化便成为油气田企业管理创新能力提升的推动力。良好的企业文化可以向外部展示企业成功的管理理念、平稳的运营状况和良好的精神面貌,有助于塑造企业良好形象、树立企业良好信誉,为油气田企业打造巨大的无形资产,提高企业核心竞争力。

(三)有助于促进油气田企业可持续发展

油气田企业要保持高速、平稳、可持续发展,必须构建具有行业特色的优秀企业文化。没有优秀企业文化的企业如同没有精神灵魂,没有推动企业长足发展的引擎,因而无法获得牵引企业前行的动力。即便企业短期可以生存,但却难以长期维持,更谈不上实现可持续发展。企业文化本身虽然不能直接解决油气田企业管理创新能力提升速度快慢的问题,但却关系到油气田企业管理创新能力提升持续与否。

企业文化影响着油气田企业的文化创新能力,具体表现为企业精神、企业制度文化、企业行为文化、企业创新愿景、企业执行文化、企业文化认同度、企业创新氛围等内容。

三、企业战略

企业战略是指油气田企业为谋求自身生存与发展的机会,以当前所处的内外部环境和今后预期可以获取资源的情况作为约束条件,对企业发展的长远目标以及为实现此目标所作的途径、方式的总体规划。企业战略由众多战略决策结果共同组成,体现着油气田企业经营理念和管理思想。

(一)企业战略影响着油气田企业内部组织结构

美国管理学家钱德勒早在20世纪中期就在其所著的《战略与结构》中提出了

企业战略的概念,他认为"战略决定结构,结构追随战略"。对于油气田企业,企业战略对于组织结构起着重要的决定作用,企业组织结构应根据油气田企业战略的改变不断地进行改变和调整,以适应油气田企业战略。因此,一个良好的企业战略对于企业的组织结构变革有着积极的促进作用,由于组织结构变革又是管理创新的重要内容,所以,企业战略进一步作用于管理创新活动的推进。

(二)企业战略影响着油气田企业管理创新资源配置

油气田企业管理创新依赖于企业拥有着一定的财力资源、物力资源、人力资源。油气田企业战略与财力资源、物力资源、人力资源有效配置有着密切关系,对于各种资源在企业内部各子系统之间的协调分配起着关键性的作用。油气田企业战略不仅在宏观上对于企业的持续发展具有指导作用,它也能够通过确定战略方向实现对财力资源、物力资源、人力资源的整合,从而对企业内部组织的微观运行机制产生一定影响,进而影响到油气田企业管理创新资源配置。

企业战略创新能力是油气田企业管理创新能力的重要组成部分,具体表现为企业战略创新目标清晰度,企业战略设计能力,企业战略实施能力等内容。

四、企业人员素质

在进行油气田企业管理创新过程中要高度重视人的因素所起到的重要作用。企业人员素质是维护油气田企业管理创新活动能够平稳、有效进行的关键因素,保证企业员工的高素质能够为油气田企业管理创新能力提升提供重要智力基础,保证企业家的高素质能够为油气田企业管理创新能力提升提供强大推动力。

(一)员工是油气田企业管理创新的关键主体

员工是油气田企业管理创新活动的实践者,油气田企业管理创新能力提升不仅需要油气田企业员工具有支持企业创新的态度,也需要员工具备与企业管理创新相关的知识素养。员工拥有支持企业创新的态度,有助于员工积极投入企业管理创新活动,有助于在思想观念上达成共识,有助于提高油气田企业管理创新团队合作的效率,有助于在油气田企业内部形成创新发展的理念。员工具备与企业管理创新相关的知识素养是油气田企业管理创新能力提升的重要保障,有助于加快油气田企业管理创新能力提升的步伐,有助于深化油气田企业管理创新能力。

(二)企业家是油气田企业管理创新能力的主要推动力

企业家在企业经营和管理中都发挥着决定性作用。现阶段,企业家在企业管理中表现的作用越来越大。在油气田企业管理创新中,企业家又是油气田企业管理创新的设计者和发明者,新观念、新组织、新制度的设计和规划需要企业家探索和推进。同时企业家是油气田企业管理创新的主要指挥者,是引领油气田企业创新发展的领军人物,是油气田企业发展壮大的中流砥柱,企业家在油气田企业管理创新中处于不可替代的重要位置,油气田企业管理创新对于外部经营环境的适应,需要以企业家的进取精神、敬业精神作为保障,企业家的组织能力、领导能力和资源整合能力直接影响着油气田企业管理创新的成败。

油气田企业人员素质集中表现为博士学历人才比例、硕士学历人才比例、本科学历人才比例、管理层人员高学历比例、普通员工高学历比例、企业家创新主动性、企业家创新前瞻性、员工创新欲望等方面。

五、管理创新执行能力

油气田企业管理创新能力的提升需要具备前瞻性的管理创新思维和创新理念,同时更重要的是将这些创新思维和创新理念付诸行动,这需要强大的管理创新执行能力。

(一)制度执行力

油气田企业的管理创新活动需要将管理创新制度化,而制度的关键在于执行,企业任何工作的开展和推进都需要严格的制度执行力来保障。在油气田企业管理创新活动中不可避免地会出现参与人员的"浮""散""粗""虚"等问题,可能出现管理创新活动部署下去,但是在落实层面上出现拖拖拉拉、不求实效等现象,这种不良现象和风气会在企业内部滋生蔓延,对于企业管理创新产生致命的影响。

(二)团队执行力

油气田企业管理创新团队是一群专业不同、经验不同、背景不同的人,为了达到一个共同的管理创新目标而组合在一起的。团队中的每个成员都要承担起各自的职责,如同机械的各个齿轮,只有每个齿轮严密咬合运转起来,整个机械才能得以运转。油气田企业管理创新中每个成员都是这个活动中不可缺少的一个节点,需要每个成员按照事先规定的流程和职责来运转。油气田企业管理创新团队执行力所体现的核心内容是一种高度负责敬业的精神和诚实服从的态度,是一种有着共同目标和理想的成员聚集到一起形成的执行能力。团队执行力的重点在于要使企业管理创新活动更好地发挥其凝聚力、感染力和号召力的作用,使企业管理创新不流于形式。没有团队执行力,整个企业管理创新流程执行的效果就会打折扣。

（三）沟通系统

在油气田企业管理创新活动中，各个成员间由于在素质禀赋、价值观念、文化教育、思维方式以及工作习惯等方面存在差异，可能会出现理解、信任、合作等方面的问题甚至矛盾。这些不良现象对企业管理创新能力提升具有不良影响，阻碍企业管理创新能力提升的进度。有效的沟通可以减少油气田企业管理创新活动参与个体间的摩擦、冲突和误解，及时有效化解团队内部矛盾，促进上下级的协作配合，推进各个参与成员对企业管理创新的发展方向达成广泛共识，从而推进企业管理创新能力的提升。

六、风险管理能力

油气田企业管理创新是一个具有创造性的实践过程，管理创新具有巨大的破坏效应，但同时也蕴含着巨大的经济效益。创新过程中可能产生混乱，所以油气田企业风险管理能力也是影响管理创新能力提升的重要因素。

（一）风险识别

风险识别贯穿于整个油气田企业管理创新过程中，通过风险识别可以清晰了解到油气田企业管理创新过程中存在风险的种类及风险发生的可能性，可以了解到该风险对油气田企业管理创新的影响程度及导致不良后果的严重程度。风险识别是油气田企业管理创新风险管理的基础，也是油气田企业管理创新风险管理的首要任务。通过利用不同的风险识别方法，分析油气田企业管理创新过程中可能的风险来源，并对油气田企业管理创新可能发生风险的类型、状况和导致后果的严重程度进行深入判断，以发掘导致油气田企业管理创新风险事故发生或导致油气田企业管理创新风险损失发生的风险因素。及时准确地识别油气田企业管理创新风险、甄别风险类型及诱导因素、准确描述风险危害，是油气田企业管理创新过程能够顺利进行的有效保障。

（二）风险评估

油气田企业管理创新风险评估是对已识别出的企业管理创新风险进行分析、评价和比较，综合运用定性分析方法和定量分析方法，确定每一种风险发生的概率，描述该种风险发生时对油气田企业管理创新所产生的影响程度，并根据油气田企业管理创新风险的综合评价结果以综合严重程度为标准进行排序，集中精力放在那些发生概率大、对油气田企业管理创新造成损失程度严重的风险防控上。同时要探索和论证各个风险因素之间是否存在转化关系，如果存在转化关系，则需要分析出转化条件。

（三）风险应对

油气田企业管理创新风险应对,是指以油气田企业管理创新风险评估的结果作为依据,对油气田企业管理创新风险提出具体的应对意见和处理办法。对导致油气田企业管理创新风险的关键因素,采取兼顾技术可行性和经济合理性的风险应对措施,综合运用风险回避、风险分散、风险自留和风险转移及其组合措施来降低油气田企业管理创新风险发生的概率,将油气田企业管理创新风险可能导致的损失控制在油气田企业可承受的范围内。

（四）风险监控

油气田企业管理创新风险监控是指在整个油气田企业管理创新过程中,跟踪已识别的油气田企业管理创新风险、监测油气田企业管理创新风险、识别新产生油气田企业管理创新风险并实施油气田企业管理创新风险应对计划,对油气田企业管理创新风险管理的有效性进行评估的过程。同时通过统计、归纳、分析和总结,形成油气田企业管理创新风险信息库,建立油气田企业管理创新风险预警机制,发挥预警机制的监测功能、预防功能和报警功能,为油气田企业管理创新保驾护航。

七、外部环境

油气田企业管理创新活动的开展离不开企业所处的外部环境,科技与资源环境因素、政策与服务环境因素都对油气田企业管理创新活动具有很大的影响。

（一）科技与资源环境

社会科技的不断进步与发展,为油气田企业管理创新带来机遇的同时也带来了挑战,每一次重要的科技变革都导致油气田企业管理创新活动的产生。油气田企业管理创新是企业的一种经济行为,作为一种经济行为,在进行管理创新活动时就会考虑到成本和收益,因此油气田企业必然会将科技发展阶段纳入考虑范围。同时,油气田企业管理创新也是一种需要协调企业内外部的各类资源进行的创造性活动,这些资源包括人力资源、物力资源、财力资源以及信息资源等,这些资源中最为重要的是人力资源,油气田企业管理创新活动中人才素质的高低影响着油气田企业管理创新活动的进度和质量,人力资源的外部获取能力关系到油气田企业管理创新活动的成败。

（二）政策与服务环境

政府在油气田企业管理创新活动中可以为其提供对口的政策支持。在政府提共的众多政策措施中，最为重要的是对油气田企业提供资源扶持。政府制定公共政策来引导和帮助油气田企业进行管理创新，使油气田企业管理创新具有强大的后盾支持。油气田企业在进行管理创新过程中，需要专业咨询机构和专业研究人员的加入，可以由政府牵头使油气田企业与高校科研院所、管理咨询机构建立联系，共同探索油气田企业管理创新合作新模式，广泛听取专家学者意见和建议，为油气田企业管理创新提供足够的科学支撑，推动管理创新活动顺利进行。

油气田企业环境利用能力高低取决于科技环境利用程度、外部资源整合能力、政府政策利用程度、服务环境利用程度等方面。

第二节　管理创新能力提升途径

一、增强油气田企业管理创新人员素质

（一）实施创新人才培养战略

人才是油气田企业管理创新能力提升的决定性因素，油气田企业管理创新的主要实施者是人才，人才是管理创新目标转化成为现实的主要开发者。要把培育高学历、高技能、高层次的管理创新人才作为提高油气田企业管理创新能力的首要任务。油气田企业必须采取措施，引进高精尖人才，留住高精尖人才，为泪气田企业管理创新能力提升提供科学支撑。

1.引进和留住高精尖人才需要满足人才工作环境需求

油气田企业在引进和留住高精尖人才，必须充分考虑多方面因素。油气田企业应将人才培养战略制度化，为高精尖人才提供良好的工作环境，提供能够施展管理创新才华的平台。油气田企业应以国家鼓励高校及科研院所高级人才走出校门到企业参与技术交流为契机，聘请高层次管理人才以及学术领军人才参与油气田企业管理创新能力的提升工作。打破油气田企业传统分配模式的桎梏，在整个企业中形成尊重知识、尊重人才的良好氛围，根据人才具体的能力水平安排到合适的岗位，从而使引进的人才发挥出最大的创造价值，开发出优秀人

才的潜能。

2.引进和留住高精尖人才需要满足人才其他配套需求

为引进的高精尖人才的子女提供优质的教育资源,并在其子女户口迁移、择校入学、手续办理等方面提供优质便捷的服务。加快高精尖人才公寓的生活环境和基础设施建设,为高精尖人才提供生活、就医等优质的生活条件,制定和完善针对高精尖人才的居住、保险、配偶安置及子女入学等具体办法,对特殊管理人才实行"特"事"特"办,为高精尖人才进入油气田企业工作解除后顾之忧。

3.制定实施油气田企业创新人才培养工程

制订油气田企业创新人才培养计划,设立油气田企业创新人才培养专项基金,建立优秀油气田企业创新人才培训和国际交流机制,有计划选派管理创新人才到国内外高校院所进修学习和开展管理创新学术交流,促进其管理创新知识更新,提高其管理创新能力。同时也要设立油气田企业管理创新项目课题,大胆启用青年人才,培养和发现高水平创新人才,注重依托课题培养研发骨干和课题负责人的管理协调能力、统筹规划能力和成果转化能力,为油气田企业管理创新储备后备人才。

(二)激发油气田企业家创新主动性

针对油气田企业存在的企业家创新前瞻性不足、企业家创新主动性差的问题,油气田企业应激发企业家的创新主动性。企业家作为企业发展的带头人和舵手,对于油气田企业管理创新过程的领导与决策作用是毋庸置疑的。油气田企业要在管理创新上取得新的重大突破,首先必须激发企业家的创新主动性。企业家的创新主动性是整个油气田企业管理创新能力的驱动力,是有效推动油气田企业管理创新能力的可靠保障。激发油气田企业家的创新主动性,必须建立油气田企业家的形成和考核机制。

首先,要深入推进油气田企业职业经理的改革进程,面向全国甚至是全世界公开选拔具有战略眼光、具有现代企业经济理念、具有卓越创新管理才能和专业知识的企业家,并把创新精神、冒险精神和奉献精神作为重要的选拔标准。其次,油气田企业在对企业家进行考核时,应着重考核企业家的管理创新的综合绩效。最后,大力推进油气田企业建立现代企业管理制度,改革原有的"铁饭碗"的陈旧观念,建立企业家流入流出机制,用人唯能,建立企业家自我约束机制。

(三)构建油气田企业学习型组织

1.重视油气田企业学习型组织的建立

油气田企业领导要基于整个公司全局性、创新性、长期性和持续性的发展规划视角,领导和推进学习型组织建设,从企业发展规划的战略高度推动学习型组织的建立。

2.提高油气田企业员工的学习热情

倡导全员学习,构建学习型组织,要寻找出发点和落脚点,油气田企业构建学习型组织需要紧密结合其经营目标和发展战略,并把企业经营目标、发展战略和管理创新战略作为构建油气田企业学习型组织的共同愿景,调动全体员工的激情,激发员工的创新思维和创新意识,引领全体员工同舟共济,在学习中实现个人发展目标与油气田企业发展目标相融合,使员工个体与企业共同砥砺前行。

3.促进构建油气田企业学习型组织制度化

油气田企业应该通过制定相关政策和制度,在企业中推进终身学习、全员学习、全过程学习。注重学习的时效性,加强学习效果的检验和考评,将学习情况作为绩效考核内容。

4.科学规划,分步实施

油气田企业应首先树立学习型先进个人典型,以点带面,打造学习型班组,再到学习型厂矿,再到学习型机关,直到创建学习型集团,分层推进,分步实施。

二、提高油气田企业创新风险管理能力

(一)增强创新风险管理意识

增强油气田企业创新风险管理意识应该注重全员参与,强化油气田企业管理人员风险防范意识的同时,也要强化对油气田企业中普通员工的创新风险管理培训,让每位员工都能够意识到油气田企业创新风险管理与自己的工作和利益密切相关,让每位员工都能够自觉参与到油气田企业创新风险管理中来,激发全体员工对油气田企业创新风险管理的智慧和能量,推动油气田企业创新风险管理工作的开展。

增强油气田企业创新风险管理意识应该注重全过程,油气田企业要采用多种途径使全体员工风险管理意识保持在油气田企业管理创新能力提升的各个时期,把风险管理贯穿油气田企业管理创新能力提升的各个具体过程,使风险观念深入人心。

油气田企业应将创新风险管理制度化,逐步完善油气田企业创新风险管理机制,建立油气田企业创新风险管理组织体系。将创新风险管理与员工利益分配挂钩,促进创新风险管理的责、权、利相匹配,通过建立和完善相关创新风险管理配套的规章制度,使之形成具有良好效果的创新风险管理机制。

(二)建立创新风险预警系统

通过建立风险预警系统,提升油气田企业风险识别能力和风险应对能力。

风险预防是管理创新风险管理最基本的、最为经济的手段。在分析油气田企业管理创新特点,识别油气田企业管理创新风险,设立油气田企业管理创新风险预警线的基础上,搜集油气田企业管理创新风险的资料信息,监测各种油气田企业管理创新风险的变化趋势,通过准确的油气田企业管理创新风险评估来确定各种管理创新风险超出预警线的程度,向油气田企业管理创新风险管理部门发出预警信号,以便风险管理部门迅速采取风险防控措施。

建立油气田企业管理创新风险预警系统需从三个方面着手。一是构建油气田企业管理创新风险的评价指标,设置管理创新风险警戒线。二是运用企业风险管理的相关知识,对油气田企业管理创新风险进行分析和动态监测,按照已构建的油气田企业管理创新风险评价指标对油气田企业管理创新风险进行预测,预测油气田企业管理创新风险发生的可能性以及可能导致的损失。三是需要在油气田企业内部风险防控线上建立一个高效、通畅、便捷的风险信息传输渠道,确保风险管理部门能够及时准确地收到风险信息,为风险管理部门采取风险防控措施提供依据。

(三)建立油气田企业管理创新风险信息库

通过建立风险信息库提升风险评估能力。油气田企业风险管理部门应该详尽记录每一项已经发生的管理创新风险情况,建立油气田企业管理创新风险信息库,不断积累油气田企业管理创新风险资料。油气田企业应该按照风险发生类型定期搜集并记录油气田企业管理创新过程中发生的风险信息,风险信息包括管理创新风险的风险类别、风险发生阶段、风险持续时间、风险导致损失、风险成因以及风险控制采取的措施等内容。随着油气田企业管理创新的不断推进,管理创新风险信息库积累的数据也会不断丰富和完善,对于未来油气田企业管理创新可能出现的风险的预测和评估也会更加准确,为油气田企业有效防范和控制管理创新风险提供借鉴和参考。

三、提高油气田企业管理创新执行能力

（一）提高油气田企业管理创新团队执行能力

1.提高油气田企业管理者的领导能力

第一，要突出忠诚和坚定，培养油气田企业管理者具有坚定信仰、维护团结、懂得包容的定力；第二，要锻炼精气神，培养油气田企业管理者具备肯担当、当先锋、有胸怀和经考验的境界；第三，倡导思路决定出路，培养油气田企业管理者具备战略眼光、全球视野、历史眼界和忧患意识的思维；第四，坚持务实、扎根落实，培养油气田企业管理者具备能够俯身扎根基层、扎实务实、做实功、出实招、抓执行的作风；第五，能担当、干成事，培养油气田企业管理者具备统筹兼顾、开拓创新、知人善任的能力。

2.建立和谐的企业员工关系

第一，要宽容善待企业员工，在团队管理中要承认并包容团队每个成员个人禀赋存在的差异，体谅团队成员生活中存在的困难，给予其精神鼓舞，帮助有困难的成员克服困难，助其重新燃起希望之火，自发地为提高团队执行力而不断努力。第二，要满足团队成员正当需求，满足团队成员正当需求是提高团队执行力的关键环节。团队应该具有科学合理的工资核查制度，保障工资按时足额发放，以满足团队成员正当的生理需求；应该为团队成员缴纳"五险一金"，以满足团队成员正当的安全需求；应该关爱团队成员的生活，以满足团队成员正当的归属感需求；应该尊重团队成员的劳动成果，以满足团队成员受尊重需求；应该为团队成员提供施展自我才华的平台，以满足团队成员自我实现需求。

（二）建立完备的企业管理创新沟通系统

1.加强信息化平台建设

油气田企业在信息化建设和改造方面，要舍得加大资金投入，设立信息机构，对创新信息做到收集有源、传递有序、查询有据、利用有方。油气田企业应该学习和借鉴国内大型油气田企业信息化建设的先进经验，具有一定基础后应该向世界优秀油气田企业看齐，努力使自身的信息化建设再上一个新台阶。油气田企业应该将管理创新涉及的内部组织、员工管理、制度建设、客户关系维护等有机地整合到信息化平台中。并以油气田企业信息化为标准，推进油气田企业数字化管理，建立管理创新信息中心，对管理创新信息的收集、统计、分析和发布进行集中处理，使油气田企业管理创新的信息活动更加合理、畅通，提高信息的

时效性。

2.促进油气田企业上级与下级的双向沟通

油气田企业一方面要不断投入资源拓宽沟通渠道,促进信息传递的时效性和便捷性,另一方油气田企业也要认识到上下级沟通对建立完备的管理创新沟通系统有着重要意义。促进油气田企业上级与下级的双向沟通要做到三点。一是做到管理创新沟通的及时性,油气田企业管理创新部门应及时介入,为员工解答管理创新方面的问题,消除企业员工存在的疑虑和误解。二是做到管理创新沟通的主动性,尤其对于企业管理创新活动持有不同意见的员工,上级部门应主动与其进行沟通交流,了解其思想动向和对于企业管理创新的意见和建议,对员工进行安抚。三是做到充分发挥油气田企业人力资源部门的作用,油气田企业人力资源部门是管理创新沟通渠道建设的重要参与者和维护者,油气田企业人力资源部门应做到及时发现沟通问题、深入分析沟通问题、全面反馈沟通问题和高效解决沟通问题。

四、提高油气田企业战略创新能力

(一)提高油气田企业战略设计能力

1.提高油气田企业战略反应能力

提高油气田企业战略反应能力就是要缩短油气田企业在面对环境变化或者企业内部问题时所需的反应时间。油气田企业提高战略反应能力应包括两个方面。一方面包括对油气政府政策、市场需求、经济形势、供应商竞争等外部战略因素的反应能力;另一方面包含对油气田企业创新愿景、企业战略目标、企业战略决策等内部战略因素的反应能力。油气田企业应在感知市场竞争和环境变化之后,克服其"组织惯性"对于企业战略创新的障碍,快速采取恰当的行动,以敏捷的战略反应能力迅速抢占先机,赢得主动权。

2.提高油气田企业业务调整能力

油气田企业在面对环境发生改变时,应具有根据管理创新战略目标,调整经营方向和转变业务重点的能力。油气田企业在进行战略创新时,应该明确需要舍弃的业务,需要新增的业务,需要保留的业务,以及保留的业务今后的发展规划。同时要培养具备打破自身能力限制,借助油气田企业以外的智力成果来帮助调整自身经营方向和业务内容的能力。

3.提高油气田企业战略治理能力

油气田企业应完善企业内部的管控体系,进一步明确油气田企业上级部门与下级部门、总公司与各分公司之间的责、权、利关系,实现责、权、利三者的匹配。下设分公司应以总部作为战略运转核心,建立统一协调的层级管控体系,油气田企业应确保各层级各司其职。油气田企业应借助于各个层级的稳定顺利运行,来提高企业战略治理能力。同时油气田企业也要注意防范各层级之间出现职能交叉和职能真空的现象,提高油气田企业管控效率。

(二)提高油气田企业战略实施能力

1.制定油气田企业管理创新战略,增加油气田企业创新投入

油气田企业创新战略的制定应以其管理创新整体规划作为框架,并保证创新战略的动态性,使其适应其外部环境的发展变化。油气田企业应以自身实际的经济实力为基础,综合考虑管理创新能力提升的需求,制订出科学的企业战略创新成本计划,保证战略创新资金投入保持平稳增长,为油气田企业战略创新提供充足的财力支撑。油气田企业应合理分配投入战略创新的资金,确保满足涉及管理创新的重大项目的资金需求。

2.完善油气田企业人才使用制度

第一,创新人才选拔机制,在创新人才的选拔上要坚持科学公正、公开透明的原则,实现岗位设置与人才聘用相匹配。第二,规范油气田企业的用人机制,对于管理创新关键岗位,任用人才须经过严格的组织程序,引入竞争机制,科学考察并进行公示监督。第三,对于青年优秀创新人才,油气田企业要给予适当的鼓励,为油气田企业管理创新活动注入更多的活力,给予其历练的机会,使其成为管理创新活动的中坚力量。第四,完善管理创新人才的培养教育机制,使用人才的同时兼顾人才的继续教育,同时油气田企业应根据人才层次的不同为其搭建合适的发展平台,尽力做到人尽其才,逐步为油气田企业管理创新活动建设一支层次多样、结构合理、经验丰富的人才队伍。

五、增强油气田企业制度创新能力

(一)激励机制创新

现代企业大多将激励视为管理创新的一种主要手段,其重要性愈来愈突出。人的管理是企业管理的核心问题,油气田企业必须牢牢树立以人为本的理念,采用多种激励手段促进员工价值的实现,最终实现油气田企业的经营目标。

　　激励应从人的需要出发,因为需要可以引起动机,动机进一步转化为目标行为。应积极构建诱导因素的组合,通过物质激励和精神激励促成目标行为的实现,其终极目标是满足人的需要,如图4-1所示。考虑到企业员工需求的多样性和动态性,油气田企业必须综合采用多种激励手段推动企业向前发展。

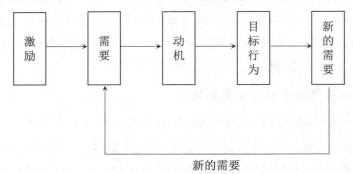

图4-1 激励的一般过程

　　企业内部的创新激励的规定,对企业管理创新起着导向作用。企业人力资源开发与管理主要有两方面的内容:一是正确运用激励理论;二是如何充分调动职工的积极性。因此,企业要以职位设计分析为基础,建立健全职工绩效考评体系,合理设计奖励、惩罚制度,探索多样化的职工激励方法,综合运用各种激励因素,建立员工岗位业绩卡,以科学合理的刺激量,使职工的主动性和创造性作用发挥到极致。

　　构建以"价值"为准的分配考核体系。分配奖励的程度要以创造价值的大小为衡量标准,而最有效的标准就是解决实际问题的技能。分配奖励制度要侧重于智力形态劳动所带来的新增价值创造,注重创造性劳动。健全油气田企业"强化科学管理技术的运用与发展基金"制度,鼓励油气田企业员工学习国内外先进的经营管理知识,灵活运用有利于参与市场竞争的技术、本领,鼓励员工刻苦钻研,推广科学管理的新方法,对实现"管理创新"的功臣进行嘉奖,从而培养一批业务素质好、管理意识强、善于进行发展战略思考的油气田企业员工队伍。

(二)薪酬制度创新

1.建立科学公平的薪酬制度

　　建立"按劳分配为主、坚持效率优先、兼顾公平原则"的企业薪酬制度。油气田企业薪酬制度的制定首要考虑的是内部公平性。在油气田企业内部,不同岗位人员获得的薪酬多少应与其所处的岗位对油气田企业管理创新能力提升的贡献相匹配,即按照在管理创新活动中承担责任的大小、自身具备的专业技能的高低以及其他能力要求的差异,在薪酬制度上充分体现不同层级、不同职系、不同岗位的价值差异。其次,油气田企业薪酬制度应具有外部竞争性。油气田企业薪酬水平应与当地劳动力市场薪酬水平相匹配,即保证油气田企业的薪酬水平在与同行业、同领域企业的薪酬水平对比中保持竞争性,为油气田企业管理创新能力提升活动吸引人才。再次,油气田企业薪酬制度应与绩效挂钩。即油气田企业员工获得薪酬水平的高低要严格体现出个人的绩效完成状况,避免"大锅饭"现象,建立科学的绩效考核制度,不同等级的绩效考核成绩对应不同等级的薪酬水平,提高员工的公平感,从而最终确保油气田企业制度创新目标的实现。最后,创新薪酬制度应注重节约成本。创新薪酬制度应当与企业在管理创新活动所获得经济效益和成本承受能力相匹配,充分考虑油气田企业的盈利能力和支付能力。

2. 提高"可变薪酬"的比例

利益分配影响着油气田企业员工参与管理创新活动的积极性和能动性。油气田企业薪酬制度创新应科学合理地划分"基本薪酬"和"可变薪酬"的比例,降低"基本薪酬"比例,提高"可变薪酬"的比例。加大对于油气田企业员工智力成果转化的奖励力度,建立"同岗位看产出""同强度看时间"薪酬体系设计理念,以增强薪酬的激励功能作为导向。设计高比例动态工资和客观绩效奖金等激励性薪酬组成单元,激发员工参与管理创新活动的热情和激情。此外,油气田企业薪酬制度应该具有多元化,将员工在管理创新活动中的表现和贡献作为岗位晋升、职称评定、创新推优的重要考核内容,使那些有理想、有学识、有技能,想干事并且能够干好事的普通员工都能够获得实惠和机会。

第五章 低碳经济视域下油气田企业管理创新

第一节 低碳经济视域下管理创新的理论依据

一、低碳经济理论

所谓低碳经济,是指在可持续发展理念指导下,通过技术创新、制度创新、产业转型、新能源开发等多种手段,尽可能地减少煤炭石油等高碳能源消耗,减少温室气体排放,达到社会经济发展与生态环境保护双赢的一种经济发展形态。

低碳经济的核心是能源技术和减排技术创新、产业结构和制度创新以及人类生存发展观念的根本性转变。它是在人类社会面临日益加剧的全球气候变暖压力的形势下提出的一种新的发展理念,是通过技术创新和应用来替代化石能源消耗的经济增长模式。作为一种新的能源消费方式,低碳经济以低能耗、低污染、低排放("三低")和高效能、高效率、高效益("三高")为基础,以应对碳基能源对于气候变暖的影响为基本要求,以实现社会经济的可持续发展为基本目的,其实质在于提升能源的高效利用、推动区域的清洁发展、促进产品的低碳开发和维持全球的生态平衡。

低碳经济作为一种正在兴起的经济形态和发展模式,包含低碳产业、低碳技术、低碳城市、低碳生活等一系列新内容。它通过大幅度提高能源利用效率,大规模使用可再生能源与低碳能源,大范围研发温室气体减排技术,建设低碳社会,维护生态平衡。低碳经济,不单单是调整能源结构和改变传统产业经济结构的一种手段,更是传统产业结构转型和升级的重要途径,同时也是一种全新的经济发展模式。低碳经济要求人们的生活理念和企业的产业结构都必须作出相应的改进和调整。

二、企业管理创新理论

管理是企业永恒的主题,创新则是管理所追求的真谛。面对市场和技术的快速变化,管理创新是企业所作出的相应调整和改进,是一种新型的优化资源配置的模式。在低碳经济视域下,油气田企业面临着许多突出的问题,如优化资源配置问题、推行高效管理问题、经济效益提高的问题等。而要很好地解决这些问题,关键在于推动油气田企业管理创新的开展。

(一)企业管理创新的含义

所谓企业管理创新,是指管理者为了提高管理系统的综合效能,运用新思想、新观念、新方法、新技术、新流程对企业管理系统组合的重新设计与选择。

管理创新的深层内涵可以从几个不同的角度去理解和阐释:①提出一种新思想、新理念。②建立一种新的管理制度、管理方法,促进生产效率的提高。③构建一个新的组织结构,并进行推广和运作。④创建一种新的管理模式。⑤推行一个新的运作流程。⑥提出一种新的经营策略,并督促其实施。

同时,还可以从这四个方面来加深对管理创新的理解:①管理创新有确定的活动目标,要按步骤循序渐进地推进。进行创新性管理是其首要目的,获取盈利最大化是其最终目的,提高企业整体效益,追求经济利润最大化。②管理创新具有很强的能动性。企业需对内、外部环境的变化作出快速反应,它是管理创新活动积极主动适应环境变化的过程。在此种情形下,企业的创新包括主动创新和被动创新两种。③管理创新引入了一种新的管理要素及其要素组合方式。它涉及新的经营思想、新的组织结构、新的管理制度、新的管理模式等方面。④管理创新包括主动创新和模仿创新两种创新方式。

此外,管理创新的作用表现在以下三个方面:①提高资源利用效率。实质上,管理创新通过创设一种高效的资源整合范式,以达到优化配置企业资源的目的。②推动企业永续健康稳定发展。管理创新通过创设高效的资源整合范式,使企业的资源产生出更大的合力,为企业的永续健康稳定发展奠定坚实的基础。③增强企业核心竞争力。管理创新具有很强的整合能力,并且难以模仿,它有助于企业管理创新能力的提升,是形成企业核心竞争力的基石。

(二)企业管理创新的模型

1.熊彼特的创新模型

作为创新理论的奠基人,熊彼特(Schumpeter)曾提出过历史上第一个创新模型。随着社会经济的发展,熊彼特对其进行了修正和调整,并在《资本主义、社会主义与民主》一书中提出了一个新的创新模型(如图5-1)。

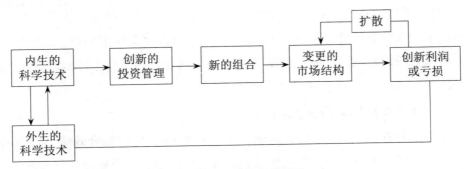

图5-1 熊彼特的创新模型

熊彼特的创新模型注重于产品创新,并指出创新才是技术进步的主要动因。在内生科学技术和外生科学技术的相互作用下,企业研发部门认识到科学技术中蕴藏着巨大的潜能,便会产生创新的构想,并对其加大研发投资力度。一旦成功,企业便会获得超额利润,并形成暂时的垄断局面。当模仿者进入后,要想求得超额利润,企业必须重新进行下一轮的创新。

2. 施莫克勒的创新市场需求引导模型

20世纪60年代后,创新由市场需求拉动的理论逐步形成,美国经济学家施莫克勒(Schmookler)在《发明和经济增长》中提出了新的创新模型,后人称之为创新市场需求引导模型(如图5-2)。

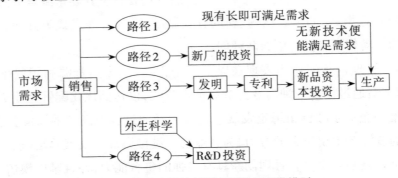

图5-2 施莫克勒的创新市场需求引导模型

3. 创新过程阶段综合模型

它是由比利时的两位学者勒梅特(Lemaitre)和斯托尼(Stenier)于1988年提出来的,见于《刺激大公司的创新:对比利时的观察和建议》。创新过程阶段综合模型的主要特点是将创新活动过程和决策阶段结合起来,指出了各阶段需要决策的主要问题(如图5-3)。

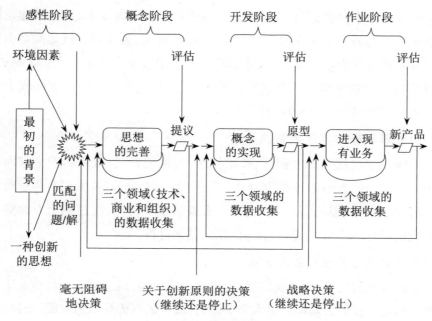

图5-3 创新过程阶段综合模型

4. 于中宁的管理创新模型

于中宁在《现代管理新视野》一书中,深入研究了管理创新形成的主要管理模式,描绘了管理创新的轨迹,提出了具有独特见解的管理创新模型(如图5-4)。

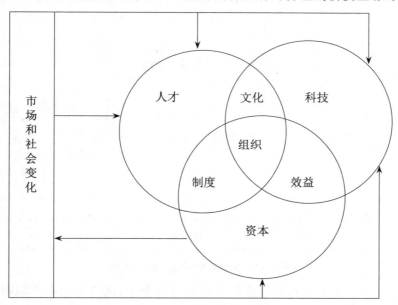

图5-4 于中宁的管理创新模型

该模型对管理创新的影响因素进行了分析和研究,提出了管理整合的指导思想。在此模型中,市场变化是影响管理创新的首要外部因素,社会文化是推动管理创新发展的另一个外部因素。在企业内部,资本、人才和科技是推动企业管理创新发展的主要力量。其中,人才和科技两个子系统构成了企业文化模式,资本和科技两个子系统构成了企业效益模式,人才和资本两个子系统构成了企业制度模式,而组织处于中心的位置。

(三)管理创新与其他创新的关系

创新体系主要包括观念创新、技术创新、制度创新、管理创新四个方面。在推行企业创新体系实施的过程中,要以观念创新为先导,以技术创新为战略发展目标,以制度创新为基石,以管理创新为发展的根本动力,使这四个方面整合为一个有机创新互动网络,形成一个一体化的创新过程。

1.观念创新与管理创新的关系

观念是行动的先导,观念决定思路,思路决定出路,观念创新的程度决定着企业发展的速度。任何管理都是由人来实施的,而人的行为受思想支配,所以,应以观念创新为先导,只有运用新思想才能更好地推动油气田企业管理创新的开展(如图5-5)。

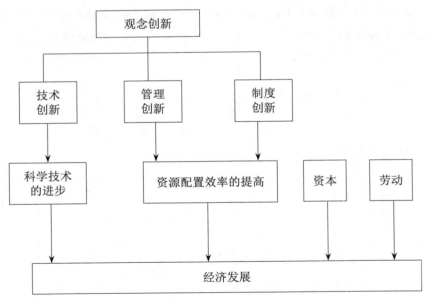

图5-5 观念创新与管理创新关系图

在科学技术快速发展和日益激烈的市场竞争中,油气田企业要取得生存和发展,必须让每位职工树立创新观念,在自己的岗位上敢于积极创新,从"要我干"转变为"我要干",化被动为主动,牢牢树立市场意识、生存意识和危机意识,从自身做起。通过观念创新,推动油气田企业的不断向前发展。

2.管理创新与技术创新的关系

不管是管理创新或技术创新都需要大量的资金投入。但资金是一种稀缺性资源,在目前原油供应紧张的情况下,为了保证原油供应安全,各油气田企业纷纷加大了技术创新研发力度,以期提高原油产量。在管理创新过程中,除运用创新的技术成果推进管理创新不断发展外,更为重要的是如何利用管理创新来促进技术创新潜力的充分发挥。因此,技术创新与管理创新二者要相互促进,管理创新为技术创新的进步提供强有力的保障。一方面,技术创新为管理创新提供强有力的支撑条件和内在驱动力。技术创新能发现管理创新的不足之处,将需改善的信息反馈到管理体系之中,使管理制度日臻完善;另一方面,管理创新有助于提升技术创新水平。管理创新从组织、运行方式、体制、资源配置效率等方面为技术创新提供内在保障,使企业获得永续的发展优势。两者之间的互动模式如图5-6所示。

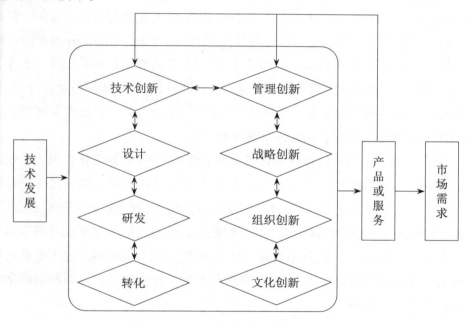

图5-6 技术创新与管理创新过程模型

在油气田企业中,管理指为实现既定目标,而采取的计划、组织、指挥、协调、控制的相关活动,它同生产要素(人、财、物、生产技术等)共同构成了生产过程中不可或缺的投入组合。管理与生产技术有着本质的区别,特别是有效的科学管理,具有优化整合生产要素(包括技术)的特征。可以这样说,高效的科学管理是管理创新的必然结果。一方面,管理促使油气田企业的权力、执行机构、决策机构、监督机构在经营者、生产者、所有者间形成相互制衡和激励的关系,构建了科学的领导体制,确立了内在的动力机制(即技术创新的激励机制和决策机制),保证技术创新的顺利开展;另一方面,管理创新整合了现有的技术创新成果,使经济效益得以极大提高。管理创新是使技术创新的成果转化为生产力的内在保障。

总而言之,管理创新推动着技术创新的不断发展和进步,而技术创新本身及其成果的运用推动着管理创新的开展。油气田企业应把握好管理创新与技术创新之间动态的互动关系,挑选最优的创新发展战略组合,使油气田企业的创新系统整体功能最优。

3.管理创新与制度创新的关系

僵化的制度无法使企业管理实现真正意义上的创新。实际上,现在的改革已到了深化制度创新的阶段,企业必须构建以产权制度为核心的现代企业制度,清晰界定企业与政府、投资者、员工、社会的关系,使企业进行市场化运作。而这是企业管理得以存在的前提。若企业的产权界定不清晰,再加上外部激励机制的不完善,就算是内部管理改革取得了重大突破,其发展也是不长久的。企业管理创新直接影响着企业的竞争力和经营效果,而管理与制度两种创新并举,有利于直接提高企业的市场竞争力和增强发展后劲。因此,制度创新和管理创新要相互结合,管理创新体现着制度创新的深刻内涵。

实际上,制度创新具体体现为现代企业制度,其中管理科学化是现代企业制度的一个极其重要的特征,可以进一步理解为制度创新的基本内容之一便是管理创新。在油气田企业中,若在进行制度创新的同时,管理创新未同步进行(即未建立起与之相适应的内部管理方法、管理手段、管理机制),仅有完善的市场环境和清晰的产权组织架构,并不能真正体现现代企业制度的内涵,也不会有效地提高生产效率和经济效益,现代企业制度并未真正建立起来。这两种创新是密不可分的,具有一体两面性。

三、组织行为理论

组织行为学是研究组织中人的行为与心理规律的一门科学。组织行为学研究的核心问题有两个:一是激励问题;二是组织变革问题。变革的意义不仅在于提高组织效率和增强竞争力,更在于养成组织创新的习惯和传统。

（一）激励理论

激励的目的是创新,没有激励何谈创新。唯有对激励机制进行不断创新,才能有效解决企业发展的根本动力问题。

激励理论是组织理论中一个必不可少的组成部分。激励即激发鼓励,最初是一个心理学概念。它是指在外因的诱导下,人们为实现所期望的目标,通过自我的有效调节,达到激发和引导人们朝着期望目标而努力奋斗的心理过程。在现代企业管理中,员工因为内在和外在的物质及精神需要而产生相应的一系列需求,需求决定着员工的动机,动机支配着员工的行为,而当员工的行为促成某一目标活动实现时,此时员工的需要得到满足,这又会刺激和强化原来的行为动机,产生更高层次的需求(依据马斯洛的需求层次理论),从而便形成了一个闭合的循环回路。根据激励理论的观点,激励是企业管理者促成企业员工的行为与企业的目标相容的主要手段。而激励机制,也称激励制度,是指管理者为达到员工行为与企业目标的相容,充分发挥每位员工的潜能而实施的一种制度框架,并采用多种激励手段来保障企业目标的实现。

构建一套切实可行的激励员工创新的激励机制,是中国企业发展过程中面临的一大问题。结合激励的期望理论,从衡量激励水平的两个要素(物质激励、精神激励)出发,构建激励员工创新的机制,提高员工的创新积极性,提升员工的创新能力,使油气田企业在激烈的市场竞争中永葆优势。

维克托·弗鲁姆(Victor H.Vroom)在《工作与激励》中所提的期望理论指出:只有当个人预测到采取某一行为能给其带来预期的成果,并且成果对其具有极大吸引力时,个人的动机水平和激励程度达到最大。其表达公式为:

$$动机水平=效价×期望值$$

在这里,动机水平表示为激励程度,衡量了个人工作积极性的高低及其能否持久保持,它决定着个人付出努力的程度;效价是一个较主观的概念,指个人对预期成果的满足程度;期望值是指采取某种具体行为带来的预期成果的大小。创新的激励程度关系如图5-7所示。

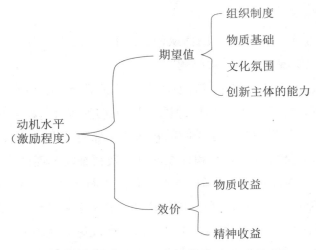

图5-7 企业员工创新的激励程度关系图

　　管理是科学、是效益,激励机制则是打开科学之门的钥匙和创造良好效益的捷径。油气田企业唯有采用多种激励机制,改变传统的思维模式,让激励手段和激励目的二者紧密结合,建立起具有油气田企业特色、适应时代特点和员工要求的激励体系,才能永葆油气田企业的优势地位。

(二)组织变革

　　目前,油气田企业面临着经营环境的剧变,油气田企业唯有反应及时才能在激烈的市场竞争中求得生存和发展,这就要求油气田企业转变组织结构,并把引导变革看作企业的责任。而变革的关键在于转变原有的思维模式,重新思考。只有通过变革,油气田企业才能获得永续发展的根本动力。组织发展理论认为,组织能永续发展和成长,原因是其内部积蓄的资源中有一部分未被充分利用。如英国学者伊迪丝·彭罗斯(Edith Penrose)在《企业成长理论》中就提出企业的成长取决于企业能否继续挖掘其内部"尚未被利用的资源"。这部分未被充分利用的资源会产生不平衡,而正是这种不平衡推动着组织的不断发展和变革。

　　组织变革,是指组织结构在合理设计并有效实施后,伴随着组织内、外部环境的变化,打破了组织原有的稳定和平衡状态,原有的组织结构已经不能适应经济发展的需要,只有通过变革对不适应组织发展的地方进行改进和调整,甚至重新构架整个组织结构,最终使组织处于动态稳定发展的状态。

　　由于企业内、外部环境瞬息万变,企业资源在进行着不断整合、变动,变革已成为企业的必然要求;再加上企业组织形式也处于不断演进和变革的过程中,这都要求企业进行组织变革。影响组织变革的内外部因素很多,主要有科学技术的快速发展、经济发展中的变化(市场变化和竞争压力)、国家政策的调整、组织文化、管理者方面及企业发展需要等。其动力分析如图5-8所示。

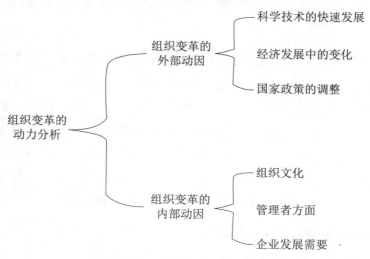

图5-8 组织变革动力分析图

油气田企业应密切关注和积极顺应低碳能源发展趋势,把握机遇加快组织变革,在低碳经济发展进程中抢占先机。要在清醒认识当代世界经济格局中明辨发展方位,在准确判断当代低碳能源工业发展趋势中明确发展战略,在全面认识国家经济社会发展战略布局中确立发展重点,在深刻把握国家宏观经济形势中掌握发展进程。当前,全球大规模工业化进程带来了巨大的能源需求,世界油气资源竞争和跨国油气田企业发展出现新的趋势,这对油气田企业来说是难得的发展机遇。由于全球环境和资源的压力,催生了全世界对于气候变化的深切关注,金融危机、气候变化和能源革命交织在一起,其中蕴含着新产业革命和新技术革命的巨大历史性机遇。油气田企业应该密切关注、跟踪把握世界经济转型和产业革命的大势,通过引领新技术和新产业发展,打造自身的国际竞争实力,在未来竞争格局中取得更优势的位置。

那么,该如何评价一个企业组织变革的成功与否呢?一个极其重要的指标便是组织绩效。组织变革对企业的绩效管理方式起决定作用,企业如何对组织架构进行重新设计和改进,使企业保持竞争优势,这是在组织变革情势下,油气田企业员工绩效管理面临的新课题。

第二节 低碳经济视域下油气田企业管理创新的内容

随着全球气候变暖的加剧,推行低碳发展、实施节能减排已成为全球性的共识。未来的国家竞争很可能是低碳经济的竞争。在此背景下,油气田企业要满足低碳发展要求、实施节能减排,就要进行管理创新。那么,油气田企业管理创新的内容、原则分别是什么呢? 这些问题若不搞清楚,油气田企业就无法顺利进行管理创新。因为油气田企业的产业链长(上游的勘探、中游的开发、下游的炼制),致使油气田企业组织的职责权限、各个层次管理目标、承担的管理职能存在较大的差别,使管理创新的内容表现出复杂性与多样性的特征。

一、油气田企业管理创新的内容

(一)市场研究与开发创新

由于油气行业的资源特点和油气产品在国民经济中的重要性,长期以来,油气生产数量受国家计划安排,灵活性较差。进入市场经济发展阶段后,油气产量需求并未完全受市场调配,竞争小,致使油气田企业职工的市场意识薄弱,追求经济效益的观念并未真正建立起来。现今,油气田企业改制后,为了在激烈的市场竞争中获取更大的经济利益,油气田企业应高度重视市场研究与开发,学习和借鉴国内外企业成功的营销策略及经验教训。结合油气市场的自身特点,积极开辟潜在市场,创新新型、高效的市场营销策略。

为此,油气田企业要加大市场研究与预测的力度,根据市场动态分析潜在的市场需求,准确定位目标市场,分析竞争对手可能采取的策略,制定有效的营销策略迅速占领市场。目前,许多油气田企业已进行了有效的探索和成功实践。但这还远远不够,还需要今后做进一步的探索。

为加强油气田企业的市场研究与开发创新,主要有两个方面的举措。

第一,把握市场需求,推行低碳营销策略。

随着油气市场的逐步放开,改组上市的油气田企业面临着国内和国际两个市场的竞争。为此要想取得竞争优势,油气田企业只有树立勇于创新的思想,采取措施努力适应市场需求的变化,推行低碳营销策略。在实施低碳营销策略的过程中,油气田企业要有意识地培养在不同方面的代理商,开拓其他市场,为"脱油"产品的销售开拓市场渠道。

为准确定位市场需求、推行低碳营销策略,就要让市场营销人员全面收集信息,进行市场问卷调查;与此同时,扩大信息来源,建立健全市场信息系统,随时追踪市场需求变化,进行市场研究与预测,分析存在的市场机会和承担的风险;开展绿色营销,即油气田企业在市场调查、产品研制、产品定价、促销活动等整个营销过程中,都以重视环保的"绿色理念"为指导。再结合油气田企业自身的情况,选准目标市场和企业发展的主攻方向。

第二,采取接近市场的措施。

随着油气田企业体制的转轨,油气田企业要想取得竞争优势,就需要根据市场需求的变化适时调整企业的管理理念和管理模式,在市场营销组合策略上进行创新。再加上集团企业的重组,扩大了省市油气田企业的销售网络,油气田企业要抓住这一机遇,努力健全经销组织,加大向流通领域渗透的力度,采取符合用户需求的市场营销手段,巩固原有市场份额,不断增加潜在的市场份额。

(二)企业组织与管理职能设计创新

如何科学构建企业的管理体系和管理组织结构,这是企业管理创新亟待解决的一个重要问题。

在高度集中的管理体制下,油气田企业的组织机构设置上下对口,管理职能一致,组织形式单一,"大而全""小而全"的思想根深蒂固,这都制约着企业的发展。从现状看,油气田企业生产设备落后,资金来源渠道有限;人员配置不均,勘探、开发、钻井等方面的队伍富余,存在着大量的员工冗余;存在大量结构性失调问题,已成为阻碍油气田企业经济效益提高的首要因素。因此,要改变这种状况,油气田企业应积极推行管理创新,加快企业改组进程,优化配置企业生产经营要素,调整油气田企业组织结构。

为有效强化企业组织与管理职能设计创新,应着重解决好两个问题。

第一,调整油气田企业结构。

优化系统内部结构是系统整体功能提高的首要条件。要依照现有的企业结构模式,调整油气田企业结构,合理配置资源、要素数量及比例结构,深入研究企业的生产力结构,保证生产力正常转换的实现。在调整油气田企业结构的过程中,要逐步减少油气田企业工作人员的行政级别和待遇。从当前来看,鼓励钻井、油建、运输等方面的富余生产能力开拓新的门路和市场,通过设备改造与更新提高设备的新度系数,以解决冗员过多、设备陈旧的问题,这是调整企业员工结构的重点。

第二,优化油气田企业管理职能。

油气田企业应依据企业规模和生产经营的要求选择恰当的组织形式,促进管理机构综合效能的不断提高。结合低碳发展的要求,针对不同的管理层级,组织结构应有自己层级的特色,不必盲目追求上下一致;调整组织结构和重新设计管理职能,使经营决策权、管理职能、监督职能相分离,企业拥有经营决策权,合理界定管理职能,使管理工作趋于规范化和科学化。

(三)强化综合管理创新

油气田企业的管理创新是需要根据油气田企业自身特点,进行综合动员的总体规划的系统性工程,需要对企业管理的各个方面进行总体规划、全面协调,以达到全面适应低碳经济发展趋势的目的。

油气田企业管理是由基础管理、专业管理和综合管理组成的一个管理系统。其中,基础管理,即基层管理,位于油气田企业管理的底层,是油气田企业管理的基石;专业管理,即中层管理、职能层管理,处于油气田企业管理的中层,包括油气田企业内部的计划管理、人事管理、业务管理、财务管理、组织管理;综合管理是相对于专业管理而言的,是对油气田企业全局、全方位的管理。为实现油气田企业战略目标,综合管理创新通过运用现代科学管理方法对各个专业管理进行综合和协调,提高油气田企业管理整体效能,最终提高油气田企业经济效益。

为更好地提高综合管理的效能,油气田企业可采取以下三个举措。一是在企业员工中普及企业管理的基本原理,如要素有用性原理、动力原理、能级原理、系统整体性原理、反馈控制原理等,使管理者从一个更宏观的层面来把握油气田企业的管理,进而更好地指导专业管理,形成系统管理的理念。二是加强企业管理综合研究部门的力量,深入研究提高专业管理各部门间密切配合的方法,如市场开发部、人资部、策划部、产品生产部门、财务部等,从系统整体的角度来完善企业管理。三是强化综合管理,弱化专业管理。由综合管理部门负责专业管理部门的部分职务,撤销部分专业管理部门,降低各专业部门间的交易成本,精简组织结构,保证企业的综合管理落到实处。

此外,在强化综合管理的过程中,要提高基层领导的思想素质、业务素质和管理能力,并采取行之有效的措施,保障基层管理、专业管理、综合管理作为一个整体的效能最大化。

(四)职工参与管理创新

油气田企业发展与职工发展二者是辩证统一的关系,相辅相成,相互促进。

油气田企业发展是职工发展的基础,职工发展是油气田企业发展的根本目的。油气田企业若没有发展,职工的发展便是纸上谈兵;职工若没有发展,油气田企业便失去了发展的目标和动力。因此,要正确处理好二者的关系,鼓励职工积极参与企业重大问题决策,参与企业管理,参与监督,充分行使作为企业主人翁的权利,推动油气田企业科学合理发展。

职工参与制度的特性是允许职工参与一定的企业管理活动。在油气田企业中,职工参与是指职工以主人翁的身份,通过一定的形式,在一定程度上参与油气田企业的经营管理活动。如职工持股制度,便是职工参与企业管理的一种切实可行的制度。如油气田企业全面实施的质量控制小组(QC小组)。一线班组开展质量小组活动前首先要解决对质量小组活动认识有偏差或认识不深的问题,通过加强质量教育,针对制约生产经营的实际问题,应用各种质量控制活动技法做好改进活动,攻克技术难题,使参与者真正认识到质量小组活动的意义和实效性,激发员工的责任感,使员工树立强烈的质量意识、参与意识,使参加质量小组活动成为其自觉行为。要更加注重活动的过程,在提高实效上下功夫,以真正取得实际的成果并用于指导生产。

鼓励石油职工参与不仅可以增强职工的企业归属感、提高油气田企业的凝聚力,还可以更有效地刺激职工主动性和积极性的充分发挥。石油职工是油气田企业文化建设的主体。因此,油气田企业必须承认职工的主人翁权利,培养职工的管理者意识,鼓励职工参与油气田企业管理活动,并自觉贯彻企业的各项方针政策,在油气田企业建设中化被动消极为主动积极,努力营造良好的职工参与管理氛围。

(五)现场管理成本控制创新

建立有效的生产现场成本管理组织机构及注重成本管理工作流程化是生产现场有效成本控制的必要条件。成本控制创新是油气田企业管理系统必不可少的组成部分。为达到油气田企业成本管理的目标,各成本控制主体必须有效控制企业的成本费用。油企业生产现场成本控制的施控主体是现场生产管理人员,在实际管理中,既要有统一的现场组织领导机构,又要按控制对象划分方式,组成相对独立的成本项目小组。按照可控性原则和能级原理,明确各个成本责任中心的责、权、利和信息传递路线,以利于明确责任,便于考核,堵塞漏洞,提高工作效率。

为更好地加强现场管理成本控制,油气田企业要大力强化项目的前期工作,在投资前"做好功课",搞好投资决策,对投资活动进行全过程管理,保证以较少的投入获得最大的产出,有效控制成本;按照现代化管理的要求,建立健全成本控制机制,推行目标成本管理;完善成本控制工作体系,采取切实可行的成本控制措施,提高油气田企业的经济效益,增强油气田企业的市场竞争力。

因此,在低碳经济视域下,油气田企业在实施现场管理成本控制过程中,要据实核算成本,准确记录企业的所有资金耗费,综合运用各种科学方法,有效降低和控制油气田企业成本,提高油气田企业的经济效益。

(六)低碳技术进步管理创新

油气田企业通过应用创新知识,采用新技术、新工艺、先进的经营管理模式和新的生产方式,来不断提高产品质量,研发生产新产品和服务,以占据市场、实现企业价值。而企业的技术进步主要有三个方面的来源:自行研制、引进技术、自行研制与引进技术相结合。目前,低碳技术创新决定着油气田企业管理创新的水平,是先进油气田企业发展的根本源泉,它日益成为管理创新的重要形态。在低碳技术创新实施的整个过程中(研究开发—形成产业化—市场推广应用),都蕴含着管理机理和方法。

油气田企业属于技术密集型行业,经济发展的技术含量较高。再加上中国油气资源勘探、开发难度增大,要实现生产经营从粗放到集约的转变,就必须加快技术创新。对油气田企业而言,要制定切实可行的技术发展战略,加大科研力度,广泛推进技术革新和技术改造,形成鼓励技术创新的氛围,建立激励机制,全面实施技术创新。与此同时,要完善技术创新与管理创新的配合,通过技术创新完善管理创新,通过管理创新弥补技术创新的不足,使二者相互促进、相得益彰,充分发挥技术进步的效能。要有效推进低碳发展,油气田企业必须通过技术创新发展低碳技术,积极开发和应用低碳技术。低碳技术也称清洁能源技术,主要指能提高能源效率,优化能源结构的主导技术。油气田企业可以联合大学、研究机构等相关组织,做好技术储备,掌握相关知识产权,为实现企业长远的经济效益、社会效益做准备。如有选择性地研发低碳能源技术,例如新一代生物燃料、天然气水合物等的开发技术;加强二氧化碳捕获、储存与利用方面的技术研发;加强油气资源的低碳、高附加值转化的开发利用;大力发展多联产设施,提高资源和能源综合利用率。

因此,油气田企业的低碳技术进步层面的管理创新要广泛采用产品生产的新方法、新工艺,推动油气田企业不断向前发展,进而促使管理创新取得新发展。

(七)安全管理创新

石油、天然气行业是高危险性行业,安全文化建设在企业可持续发展中占有夏重要的地位。安全生产直接影响油气田企业生产经营活动的正常运行,关系到油气田企业的生存和发展,是油气田企业的生命线。

随着油气田企业产业规模的扩大,作业地域的拓展,使得传统的人工管理模式已无法满足日趋严峻的安全生产工作的需要,缺乏先进可靠的危险源安全监控预警系统以及安全生产管理信息系统,已成为影响我国油气田企业勘探、开发、储运等安全生产工作的重大问题。因此,油气田企业在安全管理方面要有所创新,为此,要做到以下四点。第一,每个石油人要树立安全意识,掌握安全技能。第二,开展安全诊断活动。工人作业前要进行安全诊断活动,并将诊断结果真写在"安全确认书"中,所有需要注意的问题都体现在"确认书"中,以确保作业的安全。第三,建立高效能的管理信息系统。第四,建立安全监测预警信息化平台。利用数字化的监控、报警、传感等数据采集设备和先进的传输技术,组成油气集输作业监控及安全生产管理信息系统,将采集到的现场视频信号以及温度、压力等数据、报警信息及时地传输到企业控制室,实现各级控制中心对企业的安全生产动态信息、提前预警,及时组织排险,促使油气田企业的安全生产达到规范有序的运行,以提高油气集输作业中各环节的自动化水平、安全保障和应急救援能力。

(八)环保管理创新

在油气的勘探、开发、运输过程中,存在着较多的不安全因素,环境污染相当严重。因此,油气田企业为更好地适应低碳发展要求,必须大力实施环保管理创新。作为低碳经济视域下的油气田企业,要将低碳、环保的理念纳入到企业核心价值观当中,合理制定油气田企业战略发展目标,树立油气田企业创新发展的新方向,履行油气田企业低碳、环保的社会责任,使企业的行为体现低碳、环保的理念。

众所周知,环保管理的水平不仅影响油气田企业员工与周围居民的生命与健康,还影响着油气田企业的竞争力。油气田企业落后的管理模式导致了企业的高能耗。现今,油气田企业不仅要通过管理创新与采用新工艺来保护油层和环境、提高能源和资源能效,提高经济效益,还必须重视社会经济效益与环境效益,履行油气田企业低碳、环保的社会责任,实现企业的永续发展,为建设美丽中国贡献自己的一份力量。

为此,参照发达国家标准,油气田企业要建立完善"健康安全环保"管理体系(HSE管理体系),健全"厂—区—队—站"为一体的四级环保管理体系,对井场站所产生污染源进行综合普查;构建环境绩效考核体系,把低碳发展、节能减排作为考核指标,制定定量考核办法,从指标上进行定量约束;合理优化油气田企业产业结构,更换落后的生产工艺及生产装备;坚持清洁生产,发展循环经济;在组织机构设置上,安排专门对节能减排进行管理的员工,建立工作岗位的低碳问责制,将低碳发展指标与岗位职责结合起来,通过绩效考评体系来确定是否达到低碳环保指标的要求;建立低碳环保的奖惩机制,对业绩突出者给予奖励,对未达到指标者给予惩罚;加大油气田企业的环保投入,履行对生态环境保护的社会责任,维护油气田企业的优质形象。

除上述六个方面的内容外,油气田企业的文化创新也是相当重要的。培育具有油气田企业特色的企业文化,是管理创新的重要领域之一。因此,油气田企业要实现永续发展,就要将企业文化建设作为发展的根本战略,构建学习型企业,加大油气田企业文化创新投入力度,这是油气田企业不断持久创新的保障。面对日益激烈的市场竞争,企业文化建设应成为油气田企业管理创新的永恒课题。油气田企业应以与时俱进的文化理念引领职工,打造符合油气田企业实际情况的特色文化,提高油气田企业的文化品牌效应,用文化创新的"软实力"提升中国油气田企业的市场竞争力。

二、油气田企业管理创新的原则

随着生产技术水平的迅速提高和低碳经济的蓬勃发展,这就要求油气田企业改变传统的管理体制,结合新形势不断进行管理体制方面的创新。对油气田企业而言,这不仅是油气田企业管理创新发展的良好契机,更是油气田企业管理创新亟待解决的主要问题。因此,在低碳经济视域和中国特色社会主义理论的指导下,油气田企业管理创新要按照科学发展观和促进低碳发展的原则,坚持以人为本和改革创新,实现经济发展由粗放到集约的转变,全面推动技术进步,加快技术转化为生产力的速度,使油气田企业的管理水平符合现代企业制度的要求,逐步完善现代企业制度,提高油气田企业的市场竞争力。

一般来讲,低碳经济视域下油气田企业管理创新应遵循的原则主要有:低碳性原则、效益性原则、系统性原则、动态性原则、以人为本原则等。

(一)低碳性原则

所谓低碳性原则,指以永续发展理念为指导,通过技术创新、制度创新、管理创新、积极开发新能源、促进产业转型等手段来降低煤炭、石油等化石能源的消耗，减少对高碳能源的依赖，实施节能减排，以实现经济社会发展与保护生态环境双赢的目标。油气田企业管理创新应以低碳发展为原则，从原油勘探开发、炼化加工、成品油销售三个阶段控制低碳排放；大力发展清洁能源、低碳能源；通过国际合作更好地履行企业的社会责任，坚持低碳原则，积极构建环境友好型企业，为建设美丽中国贡献自己的力量。因此，低碳原则不仅为油气田企业提供了新的管理创新平台，还给出了创新前进发展的方向。

（二）效益性原则

所谓效益性原则，指管理创新的终极目标是提高油气田企业的经济效益。它要求管理创新所创造的经济价值，必须大于或至少等于管理创新过程中耗费的所有成本费用。这就要求油气田企业的任何管理创新必须以效益性为原则，充分衡量经济上的投入与产出上的增量，作出是否采纳该项管理创新的决策。

中国油气田企业是国民经济重要的支柱产业，是国家经济发展的重要组成部分，油气田企业经济发展水平的高低在一定程度上影响着国家的经济发展水平。因此，在低碳经济视域下，中国油气田企业的管理创新要从中国国情出发。一方面，油气田企业要加强现场管理控制，降低成本，提高能源生产效率，生产更多、更好地适应用户需求的产品，丰富市场营销的手段和方法，占据潜在市场，提高企业的市场竞争能力；另一方面，油气田企业不仅要从长远利益出发，着眼于未来，还要脚踏实地，积极探寻管理创新实施过程中存在的重难点，针对管理创新中的薄弱环节，解决制约管理创新发展的主要问题，提高企业生产效率和经济效益，使油气田企业永葆生机活力。所以，油气田企业在推进低碳发展和追求企业效率提高的过程中，要以效益性为原则，不能盲目攀比、铺张浪费。

（三）系统性原则

所谓系统性原则，指将企业管理创新看作为一个整体，以实现整体系统内部的协调和统一。它涉及外部社会系统、技术系统、管理系统、组织结构系统、文化系统等。

熊彼特在《经济发展理论》中指出，创新就是通过对各生产要素组合的优化配置，来提高生产要素的使用效率。油气田企业管理创新涉及管理观念创新、组织结构创新、战略管理创新、人本管理创新、决策管理创新、管理方式方法创新等方面。在进行管理创新的过程中，油气田企业要注意管理创新的完整性，全面、协调、有效地进行管理创新，强化过程管理和成本控制，减少创新过程的重复，降低人财物资源的浪费。因此,在低碳经济视域下,油气田企业应注重管理创新的整体性。一方面要认清中国油气田企业自身的系统性,协调掌握企业各个子系统;另一方面要学习和借鉴国外油气田企业的运行系统,为适应国际竞争合理调整中国油气田企业的系统,广泛应用先进的管理创新成果,全面推进管理创新,大力发展低碳技术,在激烈的市场竞争中赢得一席之地。

(四)动态性原则

所谓动态性原则,是指任何油气田企业管理系统的正常运转,不仅要受到系统本身条件的限制和制约,还要受到其他有关系统的影响和制约,并随着时间、地点以及人们的不同努力程度而发生变化,油气田企业管理系统内部各部分的动态相关性是管理系统向前发展的根本原因。

根据动态性原则的要求,油气田企业的管理创新要与时俱进,随着内外部环境的变化,对管理创新采取"否定之否定"态度,深入探索管理创新发展的新方法,丰富管理创新理论,加深对管理创新的认识,不断进行实践、改进和创新。实质上,伴随着主客观环境的变化,油气田企业管理创新的发展过程也是一个循环反复、周而复始的系统,即创新—实践—再创新—再实践。现如今,低碳经济的蓬勃发展对油气田企业的管理创新提出了更高的要求,结合低碳发展的原则,油气田企业应认清自身所处的位置,分析面临的问题,改革传统的创新发展方法,提出符合低碳发展要求和企业内部系统发展要求的解决对策,并把二者有机地结合起来,不断加深对管理创新的认识。

(五)以人为本原则

所谓以人为本原则,指在油气田企业管理创新过程中,要将职工的利益和职工发展作为所有工作的出发点,满足职工的多样化需求。其实,以人为本就是指企业在实现经济发展的基础上,不断提高职工的物质文化生活水平;重视职工的精神需要;提高职工的科学文化水平、思想道德素质和身体健康水平;努力营造平等发展的氛围,充分发挥职工的积极性。

为更好地贯彻"以人为本"理念,油气田企业可以从两个方面入手:一是改善职工的工作条件和生活环境,完善配套的生活设施。由于石油、天然气行业的行业特殊性,石油工人长期都要在野外作业,从事勘探、开发等工作,环境条件十分艰苦。并且油田大多位于人烟稀少的地区,职工间的交流有限,和家人聚少离多,这都致使职工精神生活的匮乏。因此,油气田企业更要注重职工的物质和精神生活需求,改善工作环境,丰富职工的业余生活,提高职工的工作积极性。二是重视职工再就业问题。随着科技的快速发展和减员增效制度的推行,油气田企业的职工冗余问题越来越突出。因此,油气田企业要积极重视职工再就业问题。

总之,以人为本原则要求管理者重视职工的物质和精神需求,在油气田企业经济发展的同时不断提高职工的生活水平和质量,满足职工的多样化需求。

除上述原则外,还有针对性原则、从实际出发原则、逆向思维原则、交叉综合原则等。在现代企业制度要求下,油气田企业应大力探索落实职工参与管理制度的方式方法,充分发挥职工的主人翁作用,使职工树立良好的职业道德,培育石油特色的企业文化,共同塑造良好的油气田企业形象,深化油气田企业的管理创新。

第三节 低碳经济视域下油气田企业管理创新的对策

一、树立管理创新理念,增强管理创新意识

管理创新是一项系统工程,关乎油气田企业的生存和发展。虽然一些油气田企业已开始推行管理创新,但并未完全结合低碳发展的实际要求,仍存在着并未得到解决的思想认识层面的问题。为不断深化发展油气田企业的管理创新,就需要从根本上解决这一系列的认识问题,尤其是管理理念创新的问题。

当今的社会不只是一场技术革命或计算机革命,更是一场思想观念上的革命。管理理念的创新是油气田企业开展管理创新的前提条件,是油气田企业生产经营活动的指导思想和行动指南。在日益激烈的市场竞争和低碳发展进程中,油气田企业要想取得生存和发展,首先要在低碳方面进行管理观念创新,冲破传统、粗放式的管理模式的束缚,综合运用现有的管理知识和管理技术,逐步推行观念创新。

(一)树立低碳管理是生产力的理念

管理是推动人类文明发展进步的重要动力,是社会生产发展和生活进步必不可少的条件,是社会化大生产的客观要求。唯有把管理看作生产要素,并使其充分发挥作用,才能合理优化配置生产力等诸多要素,化潜在的生产力为现实的生产力。油气田企业可通过深化管理,来促进生产力水平和生产效率的提高。

对于管理是生产力这一理念,油气田企业认识还不是很清醒,以至于"管理

滑坡""以改代管""以包代管"的现象屡屡发生。改革和管理二者紧密相关,改革虽然能解放生产力,但管理科学本身就体现着建立现代企业制度的要求;也只有通过深化管理,才能更好地巩固改革的成果。因此,油气田企业只有高度重视和不断深化科学管理,树立靠管理求生存、谋发展的理念,把加强管理摆在头等重要的位置,把改革、改造与健全企业管理完美地结合起来,形成先进的生产力,才能永葆竞争优势。

为适应低碳经济发展的要求,油气田企业在管理创新战略的制定上,要首先树立高度的低碳发展意识,将企业发展与节能减排相结合,弘扬节能减排的新理念,倡导低碳消费,如推广油气田企业内部的无纸化办公、网络视频会议等。为不断完善油气田永续发展的管理体系,油气田企业应建立并落实节能监测等各项节约管理流程和标准体系。油气田企业在低碳节能方面,以节电和燃料结构调整为主,加大油气田电网的结构优化和基础设施改造,降低供电环节消耗。在总体战略层次上,要确立企业低碳发展的宏观战略与长期规划。在职能战略层次上,一方面要建立相应的节能减排的制度,用制度来保证和制约低碳环保措施的实行,强化各级管理人员和员工的低碳意识;另一方面还要制定一套有效激励政策,将低碳管理和经济效益密切挂钩,激发人们对于日常工作中的环保节能办法的研究热情和积极性。

除此之外,油气田企业还要树立绿色设备管理理念,就是要以最少的资源消耗和环境污染,维持设备的最佳工作状态,实现设备管理功能与环境保护、资源利用和维修人员身心健康相结合的目标。油气田企业要全面推进绿色低碳运行,设备节能减排占有非常重要地位。通常一个企业固定资产的70%是设备,设备耗能在企业能耗中占据重要份额。发展绿色经济、企业节能减排,离不开高效低耗的设备,也离不开绿色设备管理。

(二)树立创新是企业永恒主题的理念

创新是企业管理永恒的主题。实际上,创新就是通过寻找差异,对不足的地方进行改进和提高,以满足生产经营的需求。创新在带来潜在收益的同时,也使企业的生产经营活动承受一定的风险。但面对日益激烈的竞争,油气田企业只有通过创新才能求得生存和发展。因此,油气田企业只有通过深化创新,给企业的生产经营活动注入新的生机和活力,才能在激烈的市场竞争中实现永续发展,永葆竞争优势。

创新是油气田企业发展的核心。在油气田企业内部,创新包括观念创新、制度创新、技术创新和管理创新。其中,管理创新保证其他三种创新的顺利开展,若没有管理创新,其他三种创新的发展也只是纸上谈兵。可以说,管理创新是实现企业发展亘古不变的主题,是创新的本质所在,应将其摆在更加显眼、突出的位置。

油气田企业为适应低碳发展要求,要加大创新研究的力度,树立创新是企业永恒主题的理念,全方位、多角度推进创新。

同时,开发新能源也是油气田企业推进低碳发展、实现管理创新的重要途径。积极发展非常规能源,加快推进煤层气、页岩气和致密气的开发力度,加快产业基地建设,推进规模开发,加大可燃冰的开发技术研发,推进可燃冰的早日利用;积极推动油页岩、油砂的资源勘探、评价和开发,推进工业化生产。中国不少油田地处风能资源相对丰富的西北或东北地区,具有开发风力发电项目特有的优势,有些油田位于日照条件好的戈壁、沙漠等地区,可根据实际情况,有效利用陆上风能和太阳能,沿海地区的企业也要重视海上风电的发展与利用。

二、加强低碳专业人才的培养,拓宽管理创新主体

根据激励理论可知,油气田企业管理创新要想取得成功,取决于两方面的因素:一是石油员工的创造才能是否得以充分发挥;二是油气田企业管理者是否认识到石油员工中蕴藏着巨大的创造潜力,并积极进行开发和鼓励,充分调动创新主体的积极性。在低碳经济视域下,油气田企业要加强低碳专业人才的培养,不断拓宽创新主体,推动管理创新发展。

低碳专业人才,就是在与低碳相关的产业或行业中具体从事低碳研究、低碳技术研究和应用的专业技术人才以及从事"减排"机制的"碳交易"人才。低碳专业人才必须是创新型人才和前瞻型的人才,低碳经济离不开低碳产品研发和低碳技术创新的支撑。具体从事低碳技术创新和开发应用的低碳专业人才,必须是一批掌握先进技术并具有较强创新意识和创新能力的人才。在低碳经济视域下,油气田企业为取得持久发展的动力,就要加强低碳专业人才的培养。

为更好地促使职工创造才能的发挥,需做好以下三个方面的工作。

第一,培养发挥创造能力需具备的心理素质。为了保证创新才能的充分发挥,创新主体应具备良好的心理素质。油气田企业要加强对心理素质的教育、培训和引导,不断给予创新主体锻炼机会,有意识地培养创新主体的创造能力。那么,创新主体为保证创新才能的发挥,需要具备哪些心理素质呢?这是一个值得思考的问题,且具有动态的发展性。从目前来看,主要有:兴趣浓厚、动机强烈、顽强拼搏、情绪稳定、进取心、执着追求、冒险精神等。除此之外,还要消除一些不利的心理因素,如故步自封、因循守旧、过度依赖传统经验等,这些都会影响创造才能的发挥,使员工失去创新的勇气。

第二,进行创造性思维的训练。要健全管理创新,油气田企业需要对管理人员和技术人员进行管理理论的相关知识和方法的培训,树立管理创新理念。在对员工进行创造性思维训练时,主要侧重于低碳发展方面的扩散思维的训练,提高创新主体的扩散思维能力,并从思维的新颖性、灵活性、顺畅性进行测评。

第三,强化职工的创新动机。创新动机包括内在动机和外在动机两种。内在动机由个人或工作本身所提供的内在激励因素激发而产生,外在动机则是受到来自个人或工作以外的外在激励因素激发而产生。从人的行为动机来看,管理创新的行为过程如图5-9所示。

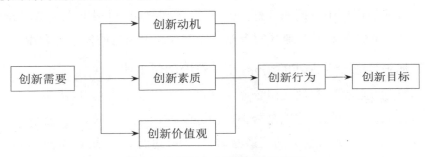

图5-9 油气田企业管理创新行为图

创新需要引发创新主体的创新动机,再加上创新主体自身素质和价值观的制约,三者都会对创新主体的创新行为产生直接影响,同时也决定了创新目标的实现程度。在油气田企业内部,创新主体涉及经济研究人员、管理者、技术研发人员。为强化创新动机,要提高职工对企业和社会的使命感与责任感,给予适当的报酬和奖励,激发职工的创新心理需求,选拔具有创新能力的员工,提供更多的锻炼机会,营造一个鼓励创新的氛围,使创新主体的创造才能在实践中得到提升。

三、切实加强管理创新方案的提出、采纳、实施管理

管理创新的整个过程可分为三个阶段,即新方案提出阶段、采纳阶段、实施阶段,三者紧密相连,缺一不可。其中,新方案的提出阶段对研究的问题进行了界定;采纳阶段是由新方案的发起和引进决策构成的,解决的是采取创新决策的方案是否与组织情境相匹配的问题;实施阶段是具体的创新实践操作,以达到优化资源配置和提高企业效益的目标。虽然这三个阶段各自有属于自己的子系

统,但作为一个整体的管理创新过程而言,三个阶段是密切相关的。

(一)管理创新方案提出阶段

在管理创新过程的三个阶段中,首先需要界定所涉及的问题,明确新方案提出的过程。管理创新方案的提出过程如图5-10所示。

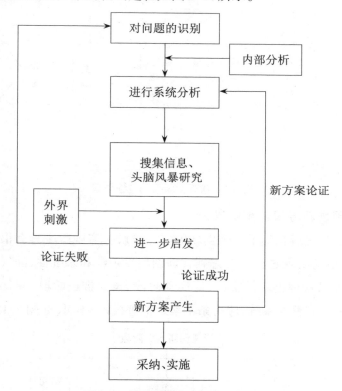

图5-10 管理创新方案的提出阶段

新方案的提出首先需要对问题进行识别,发现问题;问题识别后,结合企业内部的实际情况,进行系统分析;收集相关的知识和信息,集中思考解决办法,如进行头脑风暴研究,但很难得到行之有效的结论;然而,在外界刺激的情况下,研究人员受到进一步启发,并结合企业内部情况进行新方案的论证;若论证成功,新方案产生,进入采纳及实施阶段;若论证失败,重新对问题进行识别。

(二)管理创新方案采纳阶段

管理创新的采纳阶段包括两个方面:一是企业管理创新的发起;二是作出决策阶段,如图5-11所示。其中,发起阶段有三个层面内容,即初步识别问题、创新感知、态度初步形成。决策阶段以发起阶段为基点,不断探究问题根源,拟定具体行动方案,评价创新方案,结合管理创新的原则,作出是否引进的决策。

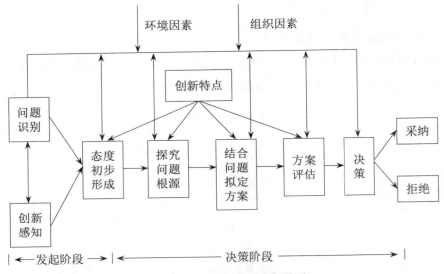

图5-11 管理创新采纳过程模型

(三)管理创新方案实施阶段

采纳阶段完成后就到了管理创新的实施阶段。实施阶段具有很强的可操作性,是创新价值的实现过程。考虑到管理创新复杂性和系统性,油气田企业应从三个层面来推进管理创新的实施,即启动阶段、全面推进阶段、固化阶段。这三个层面构成一个完整的系统,应有条不紊地推进,缺一不可,如图5-12所示。

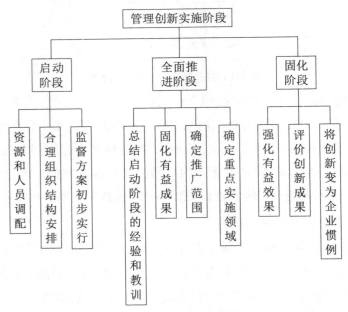

图5-12 管理创新实施过程阶段

　　由于管理创新的连续性和渐进性,管理创新的模型也是一个不断循环发展的过程。一个新方案从提出到最后有效实施,并不意味着创新过程就此终结,考虑到企业内外部因素的刺激,这会直接影响到方案的实施效果。因此,油气田企业应对管理创新的实施过程不断进行完善,使管理创新过程形成一个循环发展的回路。

　　在推进油气田企业管理创新的过程中,应紧密结合油气田企业的实际情况和低碳发展的背景,按照新方案提出、采纳、实施来循序渐进地推进管理创新。首先提出新方案;再结合油气田企业实际情况决定是采纳或拒绝;若采纳则进入实施阶段,切实保证管理创新的相关举措落到实处,提高油气田企业的经济效益。

参考文献

[1]陈君曦.油气开发企业环境管理对财务绩效的影响研究[D].大庆:东北石油大学,2018.

[2]谷建伟.油气田开发设计与应用[M].东营:中国石油大学出版社,2017.

[3]马小姗,刘瑞军,虎啸.管理学[M].成都:电子科技大学出版社,2019.

[4]李家强.油气开发资源计划指标体系[M].北京:中国纺织出版社,2018.

[5]李永平.探索低碳经济模式下的海洋石油企业管理创新[J].中国集体经济,2022(2):52-53.

[6]刘迪,凌洁.石油化工工艺[M].北京:中国纺织出版社,2017.

[7]刘延莉.和谐社会视域下中国石油企业社会责任研究[D].成都:西南石油大学,2016.

[8]路学忠.煤炭井工开采技术研究[M].银川:宁夏人民出版社,2019.

[9]牛彦良.石油企业科技管理实务[M].北京:石油工业出版社,2021.

[10]潘双功.财务共享模式下的石油企业管理会计研究[J].当代会计,2021(2):169-170.

[11]乔灵玲.探讨石油企业管理中纪检监察部门承担监督责任的策略[J].中外企业文化,2022(2):148-150.

[12]孙宗耀,荆春丽,周鹏.管理学基础[M].北京:北京理工大学出版社,2020

[13]田成,杨行蔚,唐习之.低碳经济视域下石油企业管理创新探讨[J].化工管理,2022(21):12-14.

[14]王世家.石油企业管理中的员工激励问题探讨[J].经济师,2022(4):261-262.

[15]尹田子.新时期石油企业管理创新途径[J].商业文化,2020(22):62-63.

[16]于书洋,韩东岐.新思想下石油企业管理会计的发展[J].商业经济,2020(7):160-161.

[17]岳炘.石油企业管理会计的创新发展路径[J].化工管理,2020(19):33-34.

[18]张家怡.新形势下石油企业管理面临的机遇与挑战探讨[J].全国流通经济,2020(19):64-65.

[19]张立萍.新形势下石油企业管理对策探讨[J].环渤海经济瞭望,2021(9):100-102.

[20]张艳敏.石油加工与石油产品生产技术[M].北京:中国纺织出版社,2019.

[21]张震,胡皓炅,林青,等.管理学原理[M].北京:企业管理出版社,2019.

[22]赵霄.浅析石油企业管理面临的机遇和挑战[J].商业文化,2021(5):88-89.